LE MINISTERE

VENGÉ.

Imprimerie de POULET, quai des Augustins, n°. 9.

LE MINISTÈRE VENGÉ,

OU

APOLOGIE VICTORIEUSE

DE LA NÉCESSITÉ D'UNE LÉGISLATION DE LA PRESSE,

DES LOIS, ORDONNANCES ET RÉGLEMENS SUR LA PRESSE,

Et de la Loi du 9 novembre 1815, dans ses applications aux Écrits.

PAR UN CONSTITUTIONNEL SALARIÉ.

A PARIS,

Chez {
PLANCHER, éditeur des *Œuvres de Voltaire* et du *Manuel des Braves*, rue Poupée, n°. 7.
DELAUNAY, Libraire, Palais-Royal.

1818.

AVANT-PROPOS,

où l'Auteur parle de lui-même.

JE veux prouver qu'un salarié, pour trouver des raisons en faveur de ses ministres, n'a pas besoin de se rendre chez eux le matin, et de demander avec une inclination profonde : « *Qu'est-ce que votre Excellence veut que je* » *démontre ?* » (1) Je veux démentir ce propos qui tend à insinuer que nous n'avons jamais qu'une logique d'emprunt, et qu'un zèle communiqué par ordre ; comme si la cause dont nous dînons chaque jour ne nous inspirait pas seule chaque jour ; comme si l'argent du ministre n'était pas capable de gouverner seul notre esprit, quand nous en avons, et de lui marquer les opérations qu'il doit faire, sans que son Excellence ait besoin encore d'être là pour commander la manœuvre. Je veux, en un mot, présenter aux incrédules le spectacle d'un ministériel écrivant de lui-même, par le

____

(1) Annales de la Session de 1817 à 1818, par M. Benjamin de Constant, 1er. Cahier, page 41.

conseil de sa propre conviction, avec l'aide de son propre esprit, et pour acquitter sa propre conscience.

C'est la colère qui me fait prendre la plume, je le déclare ; mais j'avertis en même tems que ce n'est pas la colère toute seule. Je ne voudrais pas laisser croire que dans cette occasion, j'ai été infidèle à l'esprit de calcul et d'indifférence au bien et au mal, qui doit m'assurer à jamais ma place. J'ai supputé mes ressentimens, je me suis dit : on a lancé contre mes dignes collègues une assertion injurieuse ; ou c'est calomnie, ou c'est médisance ; si c'est calomnie, je serai gratifié pour avoir montré visiblement par mon écrit, comment écrivaient mes devanciers ; si c'est médisance, je serai gratifié pour avoir écrit comme mes devanciers n'ont pu écrire.

Je le répète, que le lecteur veuille bien s'en souvenir, les argumens que je vais entasser, les éloges que je vais prodiguer dans ces pages, ne m'ont été fournis à aucun bureau ; je ne les tiens d'aucun commis de confiance, ni par ordre écrit, ni par injonction verbale ; et pour preuve, je jure sur ma place, que je suis assez incertain si ma manière d'argumenter et de louer sera toujours selon le goût de ceux à

(7)

qui je consacre mes argumens et ma louange.
J'avoue que je me défierais de ma plume , et
que je tremblerais devant mes dieux , sans un
trait de leur conduite qui me rassure et m'en-
courage. Ils punissent les faits, sans regarder
l'intention, sur les hommes qui ne leur appartiennent pas (1) ; ils récompenseront sur moi,
qui suis à eux , l'intention sans prendre garde
aux faits.

 Aussi , j'en ai la confiance , j'obtiendrai tout
ce que je puis me promettre de cet opuscule ,
si le titre seul parvient jusqu'au yeux de son
Excellence Monseigneur le Garde-des-Sceaux,
de LL. Excellences Messeigneurs les Ministres des relations étrangères , de la police
générale , de l'intérieur, de la guerre et de
la marine; de MM. du conseil d'Etat, et
de M. le Président de la cour royale. J'attends de là ma fortune , et j'ai une certitude
positive qui m'empêche d'en désespérer ; c'est
que l'ouvrage entier sera lu , avec toute l'at-
tention possible, par M. le Directeur et MM.
les Commis de la librairie. O heureuse loi du
dépôt, que je te bénis!

____

(1) Voyez le procès de MM. Comte et Dunoyer ,
dans les tomes 4 et 5 du Censeur Européen.

Ainsi donc, les mesures des Ministres, calculées pour la confusion de leurs adversaires, le sont en même tems pour le bien de leurs serviteurs (1). Admirable providence qui fait de l'arme dont elle terrasse ceux qui lui refusent leurs hommages, un secours pour ceux qui la chantent ! Croirait-on que la même loi qui étouffe au berceau les écrits indépendans les mieux conçus et les plus vivaces, ouvre aux pages ministérielles les plus mal nées, un asile salutaire où leur présence obligée peut prouver au moins qu'elles existent, et d'où elles peuvent se faire un chemin facile vers leurs protecteurs naturels ? Du cabinet de M. le Directeur à l'antichambre de son Excellence, le trajet n'est pas long, mon livre y sera porté d'un saut.

C'est là que se fera ta fortune, ô mon ouvrage ! c'est là que j'ai commencé la mienne. Il faudrait que tu fusses bien peu de chose pour valoir moins que ne valait ton père. Quand je regarde ce que la nature m'avait fait, et ce qu'ont fait de moi ceux à qui je t'adresse, je

----

(1) Le saint homme Siméon disait de Jésus-Christ : *Positus est hic in ruinam et in resurrectionem mullorum in Israël.* (Saint Luc, chap. 11, v. 34.)

ne puis désespérer de ta destinée future. Ils ont accueilli un sot personnage, ils ne rebuteront pas un sot écrit. »

Je veux dire un mot sur ma vie passée, je veux qu'on apprenne combien peu je mérite ce que je reçois, pour concevoir combien ceux qui me le donnent sont magnifiques ; je veux me présenter dans toute ma petitesse pour qu'on mesure toute leur grandeur ; ma reconnaissance est au-dessus de la honte. J'étais né sans fortune ; mes capitaux étaient tous dans ma tête. A quinze ans, je songeai que j'étais en âge d'en tirer le revenu ; j'essayai mon esprit, et je fus effrayé de la dose prodigieuse qu'il en faut pour gagner sa vie en travaillant. Mais la nécessité me forçait au courage ; je me rassurai, et je pris un état. J'ai vécu cinq années dans les magasins d'un marchand, puis, cinq autres années dans les bureaux d'un banquier, sans parvenir à rien comprendre ni à la tenue des livres, ni au cours du change. A vingt-cinq ans, je savais signer. Hélas! me disais-je, selon tout ce que je vois, la société ne veut nourrir que ceux qui la servent, et que puis-je exiger d'elle pour ma signature?

Je désespérais de ma vie, je maudissais la nature, je méprisais mon seul talent, je me méprisais moi-même, quand un événement imprévu vint me rendre à ma propre estime.

« *Vous signez et vous êtes docile,* » s'écria un homme à qui je me confiai un jour; *vous signez, vous êtes docile, et vous vous croyez à charge au monde ! c'est un blasphême que je veux vous faire rétracter.* Il dit, et il me recommanda ; je parus, je fus questionné, l'on me promit, l'on m'agréa ; et maintenant, je signe et je suis payé ; je suis payé, donc je suis utile.

Me voilà lancé sur un fleuve qui ne s'arrête point ; le courant m'emportera de lui-même ; je n'ai plus qu'à me laisser aller, et à rire des badauds qui m'envient et qui me saluent du rivage. Je suis le même dont ils ont ri autrefois ; mais c'est le théâtre qui fait l'homme : mon théâtre s'aggrandira, et je paraîtrai grandir encore, sans cesser d'être ce que je fus toujours. A chaque pas que je ferai dans la carrière, les honneurs, le crédit, l'argent, se multiplieront pour moi, et le travail de ma main, loin de s'accroître, doit diminuer à mesure. Je recevrai plus, et je signerai moins.

Mon ambition n'est point égoïste, et je dois dire que dans le plaisir d'avancer, je compterai pour quelque chose le plaisir d'être plus utile. Mon utilité croîtra progressivement sans que je fasse d'autre travail , sans que je supporte d'autre fatigue que d'inscrire mon nom au bas ou sur le côté , ou sur le revers d'une feuille blanche , manuscrite ou imprimée. Mon utilité croîtra , car mes honoraires croîtront , et chacun sait que le prix d'une chose vendue est la mesure exacte de sa valeur. Précieuse vertu des bureaux, qui fait de la signature souvent barbouillée d'un nom souvent ridicule, un objet d'intérêt national et de reconnaissance publique !

Ou je me trompe fort, ou c'est la marque certaine de la vraie civilisation, qu'on puisse rendre avec si peu de peine les nations tranquilles et heureuses ; qu'on n'ait plus besoin , pour le gouvernement, de moyens rares et extraordinaires , tels que de grands génies et de grands travaux. L'art de la politique, à ce que je vois, s'est simplifié en même tems que les autres arts, et de la même manière. Les grands effets d'administration s'opèrent avec des paraphes , comme les gros vaisseaux sont mis à flot avec une simple manivelle. Je remarque cependant une différence , c'est que dans les arts mécaniques la dépense devient moindre à mesure que le procédé devient plus

facile , tandis qu'en politique c'est le contraire.
Un directeur des douanes de France, en re-
traite , reçoit plus de solde qu'un sénateur
de Rome en activité de service.

Je ne puis m'imaginer que l'esprit humain
soit en défaut ; je le crois infaillible, et j'ap-
perçois au contraire , dans cette irrégularité
apparente, une preuve de la variété de nos pro-
cédés nouveaux et de nos découvertes en politique. Je demande qu'on suive mon raisonnement. Avant d'être en place , je n'avais
point de superflu, je n'avais point de loisir,
je ne dépensais point. Depuis que je suis en
place, j'ai du superflu, j'ai du loisir, je dépense. Je fais travailler les tailleurs, les trai-
teurs, les spectacles, les cafés, la banque du
trente-et-un , etc., etc. ; je fais gagner ces professions, je les enrichis, j'enrichis le public.
Je suppose que mon traitement ne fût que la
moitié de ce qu'il est, je l'enrichirais deux fois
moins. Je suppose, ce que Dieu veuille, que
mon traitement devienne double , je l'enrichi-
rai deux fois plus. Je rends donc au public,
par la seule vertu de mes honoraires, des services qui ne dépendent en rien de la somme ni
de la qualité de mon travail. Or voilà le secret
de ce phénomène qui semble monstrueux aux

esprits superficiels , mais que le philosophe admire sans doute. En généralisant , nous obtenons cet axiôme qu'on peut dire mathématique : *En administration, celui qui travaille comme un et est payé comme deux , celui qui travaille comme deux et est payé comme un, sont également utiles au public.* Les hommes d'état ont à choisir entre ces deux manières de remplir leurs charges. En adoptant la plus commode, nous nous conformons à la nature, qui fuit la peine et recherche l'aisance ; nous faisons preuve de discernement et de bon goût.

Qu'on me permette un raisonnement d'un autre genre. Il serait indigne de supposer que les députés que la nation choisit elle-même , pussent avoir d'autres vues , une autre passion que le bien public. Ce principe incontestable une fois admis, je demande qu'on me dise pourquoi tant de députés, à peine sortis de leur chaise de voyage, se hâteraient de courir chez les ministres et de faire inscrire leurs noms sur des listes de pensionnaires et d'employés, s'ils ne croyaient pas, par cet empressement, faire acte de patriotisme et de zèle pour le bien commun? Pour moi, je me figure qu'ils se disent : « La nation nous donne le mandat de la » soulager des impôts ; nous pouvons opérer

» ce soulagement de deux manières diverses :
» en empêchant que l'impôt ne devienne trop
» fort, ou bien en venant, par des dépenses, au
» secours de ceux qui doivent payer l'impôt.
» Nous ne devons pas omettre un seul moyen
» d'obéir à notre mandat.»

Il est vrai que ceux des députés qui s'attachent à l'une de ces deux manières, négligent toujours l'autre; on les croit incompatibles ; chaque parti médit à plaisir du procédé qu'il ne suit pas. Selon ma théorie, l'effet réel est le même, et le mérite égal pour la nation. La préférence, à ce qu'il me semble, vient d'une simple diversité d'humeur; j'éviterai de me prononcer dans cette matière délicate et de pure convenance. Pourtant, je veux dire respectueusement aux députés qui pensent mieux faire leur devoir en discutant l'impôt et en tenant tête aux demandes des ministres, que leurs collègues me plaisent davantage; je trouve dans ces derniers un esprit plus sociable et de meilleur ton ; ils font aussi leur devoir d'alléger le fardeau des taxes, puisqu'ils aident le peuple à les payer, et ils le font sans disputes, sans aigreur, sans se mettre indécemment aux prises avec les gens les plus aimables de Paris.

Que j'aime ces nobles amitiés qui lient par

des engagemens mutuels les hommes en crédit de la capitale, avec les hommes en crédit
des provinces ; qui ouvrent à tout solliciteur
venu de la frontière la plus reculée, le salon et
l'oreille des ministres. C'est à un député que
je dois ma place; c'est par des députés que
j'ai bravé les révolutions et les réformes.

La providence semble, en effet, n'avoir permis cette alliance heureuse que pour le bien
des postulans et des employés. Mais ce n'est
pas tout, elle sert aussi l'Etat, car elle appla-
nit les voies, et fait rouler sans encombre le
char branlant de l'administration ; elle sert
aussi le peuple, car elle crée des canaux innom-
brables par lesquels l'impôt, à peine levé, re-
tourne enfler les poches qu'ils avait laissées
vides, et passe, par une circulation invisible et
continuelle, des contribuables aux ministres,
des ministres aux contribuables. L'argent
voyage ainsi, mais il choisit ses gîtes et va se
loger de préférence dans les ateliers des beaux
arts, du bon goût et des plaisirs. Il alimente
les nobles professions. S'il y en a quelques-
uns qu'il néglige de visiter, ce sont ces métiers
obscurément pénibles, qui ne flattent ni l'esprit ni les sens, et dont l'homme du monde
n'approche point.

Quelques misérables, végétant loin de la so-

ciété polie, et rompus d'avance au besoin, sont
les seuls qui payent sans rien recevoir, et que
l'impôt des ministres appauvrit sans que la
profusion des salariés les dédommage. Mais
cette minorité ignoble ne doit-elle pas s'anéantir devant la majorité brillante ? et quand
cette majorité elle-même ne ferait qu'un gain
apparent, qui masquerait vainement la di-
sette réelle, ne devrait-elle pas encore
s'anéantir devant l'État? Que l'État trouve
son compte, voilà l'objet. Point de société
sans l'État, point d'État sans les places,
point de places sans les employés. Tout se réduit donc à nous tenir en bon nombre et bien
soldés, afin que les places ne soient point dé-
sertes, afin que l'État ne croule point par sa
base, afin que la société ne soit point dis-
soute.

Après les places, c'est la morale qui est le
plus pressant besoin des peuples. Les députés
de la nation doivent lui apprendre à aimer
d'abord les places, qui sont le lien visible de
la société, ensuite la morale, qui en est le lien
invisible. Ils lui donnent la première leçon
en quêtant les bonnes graces des ministres ;
ils lui donnent la seconde en votant aveuglé-
ment pour leurs fantaisies et leurs dépenses.
Serait-il moral, je le demande, qu'après avoir

été chargés d'honneurs, de pensions, d'emplois, de grades, de cordons, ils vinssent refuser leur conscience à ceux qui les ont gratifiés? La morale veut que la voix des bienfaits parle plus haut que la voix du sang même. Quand la nation est délaissée pour les ministres, elle à tort de se plaindre; la nation n'est que la mère des députés qui l'abandonnent, les ministres sont leurs bienfaiteurs; elle leur a donné une fois la vie politique, les ministres leur donnent chaque jour les agrémens sans lesquels la vie n'est qu'un fardeau.

Fais ce que tu dois; c'est ma maxime favorite; c'est elle qui me dicte cet écrit. Puissé-je la pratiquer toujours avec la même rigueur et le même profit que les honorables députés dont je parle. Mais que le droit chemin est difficile à tenir, et qu'il y a d'écueils pour ma faiblesse! Au moment où je cesse mes fonctions de la journée, je me trouve tout-à-coup perdu dans une foule égoïste qui veut me faire croire à sa misère, quand j'ai vu de mes propres yeux, et touché de mes propres mains, la richesse de l'État; quand je sais positivement que l'effectif des recettes surpasse l'estimation présumée. L'on m'importune par le récit de je ne sais quelles vexations privées, pour me dé-

2

rober à la jouissance de l'harmonie générale
que j'ai contemplée dans mon bureau. Souvent,
je l'avoue à ma honte, j'ai été près de me laisser surprendre par la naïveté de ces plaintes ;
j'ai eu peine à rassurer ma raison confondue par
des larmes. Comme je n'ai vu le bonheur public quedu cabinet et de l'antichambre, si j'en
fais la peinture dans ce livre, j'aurai à essuyer
les clameurs de ceux qui le considèrent de plus
bas. Comme la vertu qui me frappe le plus, et
dont je fais le plus de cas dans les ministres,
est leur bienveillance pour nous et pour eux-
mêmes, si je loue cette vertu avec toute l'ef-
fusion de mon cœur, je me verrai en butte
aux invectives de ceux qui exigent indiscrète-
ment que le ministère soit aussi pour eux.
Je voudrais éluder leurs reproches, paraître
les faire entrer dans mes comptes, être affa-
ble dans mon dédain, jouer le zèle dans
mon insouciance ; or, c'est vous que je pren-
drai pour maîtres, représentans en pouvoir,
qui, sous les drapeaux ministériels, souriez à
la nation que vous enchaînez par vos suffrages,
qui, en renonçant à sa cause, étalez votre dé-
vouement pour elle, et jurez que vous ne lui faites jamais qu'un petit mal pour un grand bien.

Comme vous savez rebuter poliment les
vœux les plus chers du peuple, et délivrer

(19)

vos illustres amis de l'importun besoin d'y répondre ! que vos détours sont adroits, vos raisons plausibles, vos prétextes délicats , vos
excuses naïves , vos promesses consolantes !
Tantôt, la liberté est trop jeune pour voir le
jour ; elle doit grandir dans l'ombre, sous la
tutelle de l'arbitraire ; tantôt, c'est une furie dé-
chaînée , que l'arbitraire seul peut vaincre ;
tantôt, elle doit se retirer, parce qu'une faction
veut la surprendre ; tantôt, parce qu'elle est su-
perflue avec un roi patriote ; tantôt, la France
est endormie, on doit craindre de la troubler ;
tantôt, elle est trop agitée , on doit songer à
l'endormir. Si l'on se plaint des exactions du
ministère, la cassette du Roi est ouverte, dites-
vous , le pauvre y puisera à souhait ; si l'on se
plaint des mesures du ministère , la sagesse du
Roi est infaillible ; si l'on se plaint des hommes
du ministère, la bonté du Roi est infinie. Ainsi,
vous masquez tout heureurement ; il n'y a plus
ni mensonge , ni erreur, ni peines ; les larmes
se sèchent malgré la souffrance , les soupirs
s'arrêtent, et retombent sur les cœurs. Ainsi,
vous emmiellez les bords de la coupe amère ;
la nation y boit sans dégoût ; mais elle n'y
puise pas la santé.

Ceux que vous suivez vous trouvent fidèles,
ceux que vous répudiez vous trouvent aima-

bles ; aux uns vous tendez la main avec sentiment, aux autres vous la retirez avec grace.
Vous êtes polis, c'est vous montrer Français.
Ah! quand un jour on saura mieux le prix des
belles manières, quand nos mœurs nationales
auront reparu, vous ne trouverez plus autour
de vous que des admirateurs et des disci-
ples. La nation délicate, préférant le plaisir
au bien-être, vous écoutera plus volontiers
décrétant avec bon goût l'esclavage, que vos
adversaires, à la voix inculte, attestant sa liberté et ses droits.

Que mon élocution soit douce et trompeuse
comme la vôtre ; que des mesures repoussées
par la conscience publique, semblent, par
l'artifice de mon style, l'objet du vœu le plus
unanime; que les hommes contre qui elles sont
faites, s'y apprivoisent par mes discours. Si
cet art devient mon partage, c'est à vous, après
le ciel, que j'en rendrai gloire.

Il est encore un raffinement que je voudrais,
s'il était possible; introduire dans ma diction.
Je voudrais que ma louange fût subtile, qu'elle
s'enveloppât même parfois d'un léger nuage
de blâme, pour s'insinuer, sous ce manteau,
jusqu'au cœur des ennemis de mes maîtres.

Mais il faut trop de souplesse pour paraître croire ce que l'on ne croit pas, et ne pas croire ce que l'on croit ; aimer ce qu'on n'aime pas, et ne pas aimer ce qu'on aime. Je n'ose tenter ce genre d'éloquence, quand j'ai sous les yeux le dernier discours de son Exc. Monseigneur le Garde-des-sceaux.

Voilà le modèle de la précaution oratoire ; voilà le style d'un homme rompu, de longue main, aux affaires épineuses, aux propositions délicates, aux pratiques impopulaires. Par combien d'études progressives il a fallu passer pour arriver au point de prétendre, avec persuasion, que la liberté gît dans les contraintes, et la Charte dans les exceptions ! A-t-on bien senti avec quelle complaisance ingénieuse il s'étend d'abord sur l'inviolabilité du droit de publier, sur la généreuse indépendance de l'imprimerie, sur l'excellence d'une bonne procédure, sur la garantie protectrice du jury, pour affadir le goût de son auditoire et le rendre insensible à la saveur d'un projet de loi qui enchaîne la publication, enrégimente les imprimeurs dans la troupe des valets de police, fonde une procédure plus remplie de détours, plus dangereuse que le labyrinthe, et donne licence aux jurés d'intervenir comme ci-devant dans les procès criminels.

Dès que ce discours a paru, j'ai souhaité qu'un commentaire savant en mît au grand jour toutes les finesses, pour l'instruction des jeunes gens qui se destinent à gouverner. Mon régent de seconde, qui dirigeait ma plume dans l'ouvrage que je publie, a pris goût à mon idée, et l'exécute. Il joindra à la dédicace de son livre, la demande d'un emploi de juge d'instruction, pour les délits et crimes de la presse. Il trouvera aujourd'hui bien des compétiteurs; mais son Excellence le distinguera sans doute aux preuves écrites qu'il va donner de son intelligence du rôle.

Pour moi, qui n'ai point encore l'habitude des hautes places, j'essayerai vainement d'être adroit et de dompter ma franchise native; mon âme s'échappera malgré moi. Mais LL. Excellences ne mépriseront pas ma voix, parce qu'elle ne sait pas se plier encore à toutes les inflexions de leur langage. LL. Excellences ont été ce que je suis, et alors, je pense, leur talent n'était aussi qu'un germe. Des hommes qui étaient ce que LL. Excellences sont aujourd'hui, ont échauffé de leur faveur ce germe si bien développé. On a fait l'éducation de LL. Excellences, LL. Excellences peuvent faire la mienne.

LE MINISTÈRE

VENGÉ.

Exposition du Sujet.

Le projet de loi présenté par S. Exc. Mgr. le Garde-des-sceaux vient de ressusciter les disputes et les haines qui sont le scandale de chaque session. Des orateurs sans place (1), des publicistes sans salaire, gens vivant loin des ministres, écartés de leur commerce, étrangers à leurs conversations, à leurs épanchemens, gens incapables de juger, autrement que par le bruit public, du cœur et de l'esprit de LL. Excellences, en ont fait l'objet de leurs dissertations téméraires. Leur critique audacieuse a prétendu développer les intentions, les motifs, les besoins du ministère, choses

____

(1) Je me trompe : la France a vu le spectacle de plusieurs députés à places, infidèles à leur promesse facile de manœuvrer au commandement. *Proh pudor, inversique mores !* Son Excellence le ministre de la police générale les a rappelés en vain de sa propre bouche.

toujours cachées avec art, et qui, dans l'intimité même du cabinet, ne se montrent qu'entourées de nuages et masquées discrètement. J'ai vu ces hommes, mal informés, et tranchans dans leur ignorance, couvrir de leurs voix bruyantes la voix de ceux qui pouvaient les instruire, la voix des familiers du ministère. Je les ai vus supposer parce qu'ils ne savaient pas, et condamner sans comprendre. De leurs raisonnemens hasardés j'ai cru voir sortir cette conclusion : les ministres manquent de bon sens; les ministres manquent de bonne-foi. J'ai pris la plume.

Ma tâche est grande par la grandeur de la cause et des personnes que je veux servir. Mon sujet est plein d'un noble intérêt. Le lecteur s'y attachera malgré lui; surtout s'il a l'honneur d'être employé ou postulant, ami ou parent d'un employé ou d'un postulant.

Les vues du ministère sur la publication des écrits ne sont point renfermées dans les 27 articles présentés à la sanction de la Chambre des députés; le projet de loi du 16 novembre n'est qu'un mince commentaire à de volumineux antécédens. Il ne faut pas que les Chambres s'imaginent qu'en discutant ce projet, on discute la législation de la presse;

cette législation a d'autres domaines ; elle embrasse encore les règlemens, les ordonnances, les lois que le projet confirme en ne les abrogeant pas. Il ne faut pas que l'opposition s'imagine qu'en jugeant ce projet, on juge les intentions de LL. Excellences ; les intentions de LL. Excellences sont plus vastes ; elles embrassent par le fait, la loi et l'ordonnance de 1814, sur les servitudes imposées à l'état de libraire et d'imprimeur ; la loi de 1815, qui définit l'écrit séditieux ; la doctrine du ministère public sur la culpabilité des auteurs, et la jurisprudence née de cette loi rendue feconde par cette doctrine. Voilà le domaine entier de notre législation de la presse, et le cercle des vues de LL. Excellences.

Le ministère, par son silence sur les anciennes lois de la librairie, vient d'y apposer de nouveau son cachet ; le ministère, par son silence sur la doctrine de ses avocats, et sur les arrêts rendus à sa requête, vient de sanctionner pour les années à venir, la jurisprudence de l'année dernière. Les opposans ne se sont point attaqués à cet échafaudage qui demeure la base de la législation de la presse, et auquel la nouvelle loi ne s'adapte que comme une pièce de rapport ; ils ont raisonné à part sur cette mince fraction d'un grand tout, au lieu d'envisager l'édifice entier. Ils ont resserré le champ de l'examen, sans doute pour resserrer le champ de la louange ; et les orateurs ministériels, de leur côté, ont suivi la même méthode, par la crainte d'alarmer la modestie de leurs patrons. J'enseignerai aux premiers à être plus justes, aux seconds à être moins timides. Souvent la modestie ne paraît fuir les éloges que pour les mieux attirer. Je ferai une douce violence à la pudeur de nos ministres ; je mettrai au grand jour ces actes indignement oubliés, et comme perdus sous l'ombre de la nouvelle loi. Aucun d'eux n'échappera à mes sincères apologies. Je ferai admirer le bon sens adroit de LL. Excellences dans les règlemens ingénieux de la librairie ; je ferai admirer leur bonne-foi naïve dans les loyales applications de la loi du 9 novembre 1815, aux délits des écrivains politiques. Telle sera ma double réponse aux conclusions téméraires dont j'ai parlé.

J'entre en matière par une observation qui attirera d'avance une grande faveur sur ma cause. On sait que, depuis plus d'un an, la servitude des imprimeurs, laquelle dégoûte d'imprimer, de même que les sentences rendues contre les écrivains, lesquelles dégoûtent d'écrire, sont l'objet des invectives de toutes les voix non salariées. Eh bien! durant tout cet espace de tems, pas une voix salariée ne s'est élevée pour les contredire, et justifier ces mesures et ces arrêts. Le ministère, n'en doutons pas, serrait la bride à ses auteurs, et modérait leur zèle, refusant d'être défendu, et pensant noblement que ses actes étaient assez protégés par leur force et par sa conscience. Oui, je le déclare, j'ai entendu les piliers même des boutiques de livres, les murailles même des salons de lecture, répéter les argumens hostiles des Constant, des Comte, des Dunoyer, et de vingt autres que je ne nomme pas (1), sans que mon oreille ait pu surprendre une seule phrase, échappée à la plume de MM. du conseil d'Etat, ni de MM. de la librairie. Ils ne dormaient pas pourtant; car personne ne peut dire qu'on ait manqué d'ordonnances ni de saisies ; mais leur talent a dédaigné de se montrer, parce que la victoire était trop sûre, et qu'il se réserve pour les grands

---

(1) .... *Quantas juculetur Monychus ornos,*
Frontonis platani convulsaque marmora clamant.

JUVÉNAL, sat. I.

périls. Le ministère, comme Hippolyte, s'est justifié en se taisant.

Et encore, dans les derniers débats, quand LL. Excellences ont péroré à l'appui de leur nouvelle loi complémentaire, n'a-t-on pas compris à leur logique, à dessein molle et traînante, à leurs argumens rebattus, à leurs réfutations sans nerf, qu'elles jugeaient superflu d'employer les ressources vulgaires du raisonnement pour faire goûter le fruit de leur cerveau ? N'a-t-on pas remarqué surtout ce torrent d'affirmations sans preuves, signe évident d'une conviction robuste, qui met sa confiance en elle-même, et ne daigne pas se communiquer ? Que nos adversaires me démentent.

Si je m'avise de donner des raisons en faveur de mesures et de doctrines qui n'en ont pas eu besoin pour fleurir jusqu'à présent ; si j'essaye de les armer par ma dialectique, quand leurs auteurs ont trouvé bon de les exposer nues, ce n'est pas que je croie leur constitution affaiblie ; je crains plutôt de leur nuire, en faisant penser que mon apologie leur était nécessaire. Mais LL. Excellences aiment les défenseurs, quoiqu'elles en fassent peu d'usage ; le plaisir de voir grandir leur liste, le plaisir d'en trouver un nouveau qui était loin de se faire attendre, l'emportera dans leur cœur sensible à l'amitié, sur le faible dommage que ma défense leur causera peut-être. Je souhaiterais seulement (qu'on me pardonne une locution que j'ai retenue de mes anciennes études de commerce), je souhaiterais que la *balance* fût *soldée en numéraire.*

PREMIÈRE PARTIE,

Où l'on explique les vraies raisons, l'usage naturel, et la nécessité des règlemens sur la presse, et de la direction de la librairie (1).

I.

Il y a, parmi nos adversaires, de profonds raisonneurs, dont la logique ne frappe que de grands coups, et tranche les questions par le pied. Quand la chambre des députés se laissait discrètement réduire à l'examen du simple dispositif d'un projet de loi sur la presse,

---

(1) Cet établissement, transféré de la rue de *Tournon* à la rue des *Saints-Pères*, a changé de nom en changeant de local : on l'appelle aujourd'hui *Division littéraire du ministère de la police.* J'adopte l'ancienne dénomination, qui est plus claire et plus courte.

quand la discussion s'engageait sur la forme seule d'une loi à faire, des écrivains hardis se sont jetés hors du cercle tracé, et ont appelé la controverse sur le fond même. Oubliant un moment la teneur du projet, ils sont allés porter leur premier coup à la source de la loi proposée, à la source de toute loi proposée dans les mêmes vues; il ont proclamé ce principe décisif: *Toute législation spéciale sur les abus de l'instrument qu'on appelle une presse, est, par sa nature seule, inutile, ridicule et abusive* (1).

« Nous convenons, ont-ils dit, que le bois et
» le fer travaillés en outils d'imprimerie, que le
» plomb fondu en caractères mobiles, que le
» chanvre pilé en papier, peuvent causer des
» dommages réels à la société et aux particu-
» liers, en ce qu'ils font arriver plus prompte-
» ment et plus sûrement les mauvais propos à
» leur adresse; mais nous remarquons en même
» tems, que le bois tourné en bâtons, que le
» fer forgé en lames, que le plomb fondu en
» balles, que le chanvre tordu en lacets, peu-
» vent causer à la société et aux particuliers,

_____

(1) Voyez la brochure intitulée *du Nouveau Projet de loi*, par M. Comte.

» des dommages non moins réels. On fait un
» coup de main , comme on conseille une
» émeute ; on assassine, comme on calòmnie.
» S'il y a besoin d'une législation spéciale sur
» la fabrique des livres, il y a, par cela seul,
» besoin d'une législation speciale sur la fa-
» brique des armes ; si la seconde est super-
» flue, la première l'est également.

» La loi commune est-elle insuffisante con-
» tre l'abus des instrumens et des matières nui-
» sibles , il faut la faire peser plus sévère-
» ment , et sans distinction , sur toute les pro-
» fessions qui les produisent ou les répandent;
» les imprimeurs et les écrivains n'y échape-
» ront pas, non plus que les fourbisseurs et les
» droguistes. La loi commune suffit - elle à
» donner des garanties contre ceux-ci ? elle
» y suffit évidemment contre ceux-là ; si elle
» est impuissante contre les premiers, elle l'est
» aussi contre les seconds. Quand vous pla-
» cez les imprimeurs , les libraires et les écri-
» vains sous une loi spéciale, c'est-à-dire,
» hors de la loi commune, vous tombez dans
» cette alternative nécessaire , ou de privilé-
» gier, au détriment de la société, les fabri-
» cans d'armes et les assassins, les fabri-
» cans de drogues et les empoisonneurs, ou de

» mettre à la chaîne, sans profit pour la société,
» les fabricans, les marchands et les auteurs de
» livres ».

J'avoue que ce raisonnement est bien dé-
duit, et que la conclusion est forcée; mais il
ne décide pas la question aussi pleinement
qu'il semble d'abord. Une loi n'a pas seulement
des rapports avec la société, ou la classe
d'hommes qui doit la subir, quand elle est spéciale; elle en a aussi de naturels avec ceux qui
la font ou qui la proposent. Or le projet d'une
loi spéciale sur les imprimeurs et les écrivains,
ne nous est pas tombé du ciel; il nous est
venu des ministres; si nous voulons le juger
avec connaissance de cause, si nous voulons
surtout y découvrir la pensée des ministres,
rapportons - le à leur situation privée; ils
doivent, comme tous les hommes, ne pas
s'oublier dans ce qu'ils font. Je comprends
que ceux qui nous combattent trouvent plus
d'avantage à n'attaquer que d'un seul côté,
à ne regarder qu'une des faces de la question,
au lieu de s'y enfoncer profondément; à opérer sur la partie abstraite sans tenir compte
des faits, c'est-à-dire des intérêts sensibles;
mais il nous est permis de les contraindre à
regarder de notre point de vue, à nous suivre

sur le terrain solide. La société n'est qu'une personne morale, les ministres sont des personnes réelles; leur intérêt est positif, celui de la société est vague et arbitraire; le premier offre une règle sûre, le second est une boussole variable; quand il ne s'agit que de disserter, celui-ci peut être pris pour base; mais la pratique, qui veut des données certaines, ne peut guère s'accommoder que de l'autre. Le philosophe et l'homme d'état sont rarement d'accord sur le bien et le mal; il serait ridicule de leur appliquer la même critique, parceque leurs situations différentes leur font voir différemment les choses. Que le maintien d'une législation spéciale sur la fabrique des livres, démente le bon sens de LL. Excellences comme philosophes, cela peut-être, mais ce n'est là qu'une question subalterne; un ministre peut bien n'être pas philosophe. Le maintien d'une législation spéciale sur la fabrique des livres, dément-t-il le bon sens de LL. Excellences comme ministres? voilà la question véritablement importante; et c'est ce que je vais examiner.

II.

J'avertis qu'ayant à raisonner sur des choses de pratique, je me garderai de toute théorie, et que les faits seront ma seul règle ; je dois dire quelles choses existent, et nullement pour quoi telles choses existent; ainsi je ne me demande point ce qu'est en principe un ministère ; je me demande ce que c'est en fait, et je réponds :

« Un ministère est une compagnie d'hommes » choisis, lesquels, assistés d'une nombreuse » troupe de commis, emploient de concert » leur esprit, et l'esprit ou les bras de leurs » commis, à tirer d'une grande masse d'hom- » mes qu'on appelle *peuple*, des sommes » d'argent qu'on appelle *impôts*. »

Et en effet, dans quelque gouvernement que ce soit, les ministres, séparés par leurs attributions particulières, ont pour lien commun ce point également intéressant pour tous, *lever de l'argent.* Sans cette opération préalable, tous leurs travaux, qui se réduisent en dernier lieu à des dépenses, ne pourraient s'opérer que dans leur tête. Il suit de là, que le talent d'un ministère consiste surtout à rendre plus abondante et plus commode la moisson de l'argent public ; il suit de là que la dose de bon sens à desirer dans une conception ministérielle, a pour mesure exacte, la quantité dont elle fait croître cette moisson, ou dont elle en diminue le travail. Il suit de là, que la question établie ci-dessus est réduite à celle-ci : les réglemens qui mettent hors de la loi commune les fabricans et les vendeurs de livres, sont-ils pour LL. Excellences un moyen de lever plus commodément de gros impôts ?

J'en demande grâce au lecteur ; ici je vais être didactique et serré ; j'ai affaire à de mauvais plaisans ; si je ne les écrase pas, ils me sifflent.

Quand un homme a pour fonction de lever de l'argent sur d'autres hommes, ou pour son profit, ou pour leur bien, ou pour tout autre objet quelconque, il n'a que trois moyens d'exercer sur eux son emploi. C'est de les voler, c'est de leur vendre quelque denrée, c'est de leur persuader qu'ils doivent ouvrir leur bourse. La puissance d'un ministère est donc bornée à ces trois mode d'action, piller, vendre, ou persuader. L'état de ministre se rapporte donc, par la nature même des choses, aux trois états, de brigand public, de trafiquant public, de harangueur public.

Il est visible que ces trois manières, également productives, ne peuvent se combiner toutes ensemble. A la vérité, l'on peut bien vendre par force à ceux qu'on a la force de voler, et exercer des monopoles à main armée ; on peut bien aussi, quand on a épuisé son éloquence à obtenir de l'argent *gratis*, se faire attribuer des monopoles par consentement national : l'expérience le prouve : mais l'emploi de la violence physique ne peut guère s'associer à l'emploi de la conviction morale ; quand on est assez fort pour enlever d'autorité, l'on ne perd pas son tems à faire des discours; quand on se donne la peine de faire des discours, c'est que l'auditoire est devenu trop fier et trop délicat pour se rendre à la force. La profession de ministre, dans son essence matérielle, et abstraction faite des autres fonctions qui peuvent s'y joindre, n'est donc, en un mot, qu'une application spéciale de la profession ignoble de brigand, ou de la noble profession d'orateur, ou d'écrivain politique ; car c'est haranguer que d'écrire.

Un ministre est naturellement un brigand chez les peuples ignorans, qui ne sont sensibles qu'à la puissance des coups ; un ministre est naturellement un auteur politique chez les peuples polis, qui sont rébelles aux mauvais traitemens, et sensibles à la raison. Or, tel est l'heureux état où la civilisation a conduit le peuple français. Le ministère doit donner à notre nation des raisons pour son argent. Mais comme il serait trop long de convaincre tant de monde , le ministère a devant lui un certain nombre d'hommes envoyés par la nation pour écouter ses harangues, et qu'il lui suffit d'avoir seuls convaincus, pour obtenir l'argent de tous. Le ministère a soin, pour rendre sa tâche plus aisée, de repousser toute demande d'agrandissement pour son auditoire, de manœuvrer autant qu'il peut contre la liberté des choix qui le désignent, et de l'assourdir par le son de l'or.

Mais il y a toujours quelques députés qui aiment à garder leurs oreilles libres, et il y a toujours parmi les non-députés quelques hommes qui écoutent aussi les ministres , qui jugent même l'auditoire des ministres, et qui songent à le réformer au bout de l'année, s'il se laisse trop facilement convaincre.

Ces hommes embarassent le ministère, et le tiennent en échec, parce que leur conscience indomptée ne veut céder qu'à une conviction entière, trop difficile à opérer. Il lui faut triompher de ces âmes dures, de ces esprits attentifs , de ces critiques au goût difficile. Et voilà où gît tout entier aujourd'hui le bon sens et le talent ministériel.

Des esprits sensés observeront que chaque ministre y parviendra sûrement en s'attachant à ne jamais rien demander sans des motifs réels, à ne donner jamais que de bonnes raisons, à n'affirmer rien que de vrai, à n'avancer rien que de probable, et, puisqu'il est en concurrence avec la foule des auteurs politiques, en se montrant toujours le plus habile et le plus sage de tous.

C'est fort bien dit; mais qu'on me permette une supposition. Si notre peuple était dans cet état de barbarie où les ministres sont voleurs par profession, nos ministres-brigands, en concurrence avec les particuliers brigands qui appauvriraient le fisc en rançonnant le peuple pour leur compte, auraient pour ressource contre ces compétiteurs incommodes, d'accroître leur vigueur personnelle, d'endurcir leurs bras, de perfectionner leurs armes. Mais je ne crois point que leur choix s'arrêtât sur cette méthode pénible et laborieuse. Ils se feraient une voie plus facile : à défaut de force positive, ils se créeraient une force négative : ils mettraient hors de la loi commune les fabricans d'armes et les hommes robustes.

Or, c'est cette intelligence du plus court chemin, c'est ce discernement du procédé le moins coûteux que nos ministres mettent en pratique par leur adhésion constante au système d'une législation spéciale sur l'imprimerie et les auteurs. Ils se procurent, par ce moyen simple et peu laborieux, la véracité négative, la raison négative, l'éloquence négative. En gênant dans autrui la liberté de discourir qu'ils se réservent pleine et entière, ils font triompher leur voix aussi sûrement que si elle éclipsait toutes les autres, ils font taire leurs adversaires aussi fructueusement que par des argumens sans réplique.

II.

Vous que je combats, si le sort vous faisait (ce que le Ciel veuille m'accorder) ministre de la police générale d'un royaume noir ou cuivré ; si, le jour de votre apparition au conseil, vos illustres collègues délibérant sur les meilleurs moyens de rendre l'administration c'est-à-dire l'exploitation du pays facile et sûre, s'adressaient à vous, et consultaient votre raison, je ne crois pas que vous leur feriez un autre discours que celui-ci :

« Vos Excellences savent que le plus grand
» obstacle à la levée des deniers que la dé-
» pense de notre gouvernement et celle de
» nos maisons exigent, vient surtout du nom-
» bre et de la puissance de ceux qui font pro-
» fession de lever des deniers sur les grands

» chemins, et d'opérer à notre manière sur ce
» peuple docile aux coups. Je vous propose
» donc de décréter sur-le-champ une loi qui
» interdira à qui que ce soit de fabriquer ou de
» vendre, sans un brevet délivré par nous et
» scellé de notre sceau, ni le plomb dont
» nous cassons les têtes, ni le fer dont nous
» perçons les côtes, ni le bois dont nous bri-
» sons les os, ni le fil dont nous serrons les
» cols des heureux sujets de cet empire.

» De plus, aucun individu privilégié par
» nous, pour la fabrique ou la vente des
» armes, ne pourra procéder à la fabrication
» d'aucun instrument meurtrier, avant d'en
» avoir fait la déclaration devant nos commis.

» De plus, tout fabricant d'armes muni
» d'un privilége *selon la loi*, après avoir, *selon*
» *la loi*, comparu devant nos commis, dé-
» claré, par écrit, son intention de fabriquer,
» et reçu acte de sa déclaration, devra, préa-
» lablement à toute émission hors de ses
» ateliers, ou *publication* des armes fabriquées
» par lui, en déposer cinq modèles ou *exem-*
» *plaires*, en un lieu désigné pour cet objet,
» et que, malgré la dureté du mot, nous
» appelerons la *direction de l'armurerie.*

» Le défaut de déclaration avant la fabri-

» cation, et de dépôt avant la publication,
» seront punis, chacun, d'une amende de mille
» francs pour la première fois, et de deux
» mille francs pour la seconde, avec saisie et
» séquestre des instrumens fabriqués.

» Aux bureaux de notre *direction de l'ar-*
» *murerie,* seront logés des experts qui exami-
» neront scrupuleusement le fil, la trempe,
» le calibre de chaque arme déposée, et nous
» en feront, par écrit, la description et l'a-
» nalyse; si nous reconnaissons que nos ma-
» gasins renferment des armes mieux affilées,
» d'une meilleure trempe, d'un calibre plus
» fort, la *publication* et la vente se feront
» sans nul obstacle de notre part; mais si le
» contraire nous est prouvé, nous embusque-
» rons nos sbires à la porte du fabricant, avec
» ordre de s'emparer de chaque *exemplaire*
» qui passerait le seuil.

» Mais pour nous montrer généreux dans
» cette violation de propriété, nécessaire à
» notre repos, nous permettrons au posses-
» seur des objets saisis, de comparaître, pour
» en demander la restitution, devant des arbi-
» tres nommés par nous, et payés par nous.
» Si nos juges, endoctrinés par nos avocats,
» sont d'avis que nous avons eu une fausse

» alerte, s'ils décident que ces armes ne
» valent pas les nôtres, nous consentirons à
» les rendre ; sinon, la saisie sera maintenue,
» et les demandeurs seront condamnés à l'a-
» mende et aux dépens, *sans préjudice de l'em-*
» *prisonnement prononcé par le code pénal.*»

Voilà ce que votre bon sens vous con-
seillerait si vous étiez ministre dans un
royaume barbare!, obligé d'opérer sur votre
peuple en concurrence avec les voleurs de
grand chemin ; vous chercheriez des secours
contre cette concurrence fâcheuse dans une législation spéciale ; vous tiendriez captifs dans
les chaînes d'une double loi, ceux dont l'art
produit les instrumens de la torture physique ;
vous placeriez leur industrie sous votre direction, au préjudice de leurs intérêts, qui sont
dans l'activité de leur travail et l'étendue de
leur commerce, au préjudice de la société qui
resterait sans moyens de défense, à la merci
de votre avarice (1). C'est à ces hommes que

____

(1) Des raisonneurs plus subtils que moi avance-
raient peut-être que la société y trouverait son profit,
parce qu'il vaut mieux n'avoir qu'un seul ennemi que
beaucoup d'ennemis; ils citeraient l'exemple des Grecs,
qui, dans l'antre du cyclope, étaient sûrs de n'avoir
personne à craindre que le cyclope. Mais on pourrait

vous vous attaqueriez, et vous laisseriez en paix les vendeurs et les faiseurs de livres.

Maintenant, soyez ministre d'un royaume civilisé, opérant sur votre peuple avec des dogmes et des syllogismes, en concurrence avec les écrivains et les orateurs politiques ; vous chercherez de même un secours contre cette concurrence dans une législation spéciale ; vous lancerez des décrets d'exception contre ceux dont l'art fait éclore pour le public les propositions et les répliques ; vous instituerez une *direction de l'imprimerie et de la librairie*, au préjudice des droits des citoyens et de la liberté de l'industrie, au préjudice de la société que vous épuiserez à plaisir, parce qu'elle manquera d'armes contre votre logique ; et vous n'exigerez point de serment, ni de brevet, ni de déclaration précédant la fabrique, ni de dépôt précédant la vente de la part des marchands d'armes ou de drogues. (1).

---

leur répondre que le cyclope valait à lui seul plus de cent mangeurs d'hommes, et qu'un ministère dévorant vaut à lui seul plus de cent mille voleurs.

(1) *Extrait des lois et règlemens de l'Imprimerie et de la Librairie.*

Nul ne sera imprimeur ni libraire, s'il n'est breveté par le roi, et assermenté.

C'est le même bon sens qui, dans ces deux situations opposées, vous ferait suivre ces deux

---

Le brevet pourra être retiré à tout imprimeur ou libraire qui aura été convaincu, par un jugement, de contravention aux lois et aux règlemens.

Les imprimeries clandestines seront détruites, et les possesseurs et dépositaires punis d'une amende de 2,000 francs, et d'un emprisonnement de six mois.

Sera réputée clandestine toute imprimerie non déclarée à la *direction-générale de la librairie*, et pour laquelle il n'aura pas été obtenu de permission.

Nul imprimeur ne pourra imprimer un écrit avant d'avoir déclaré qu'il se propose de l'imprimer, ni le mettre en vente ou le publier avant d'avoir déposé le nombre prescrit d'exemplaires, savoir : à Paris, au secrétariat de la direction-générale, et dans les départemens au secrétariat de la Préfecture.

Il y a lieu à saisie et séquestre d'un ouvrage,

1°. Si l'imprimeur ne représente pas les récépissés de la déclaration et du dépôt ;

2°. Si chaque exemplaire ne porte pas le vrai nom et la vraie demeure de l'imprimeur.

Le défaut de déclaration avant l'impression, et de dépôt avant la publication, seront punis chacun, d'une amende de 1,000 francs pour la première fois, et de 2,000 francs pour la seconde.

Le défaut d'indication, de la part de l'imprimeur, de son nom et de sa demeure, sera puni d'une amende de 3,000 francs; l'indication d'un faux nom et

systèmes opposés. En s'attachant au second,
nos ministres font donc preuve de sagacité et
d'intelligence de leur état ; il faut l'avouer,
à moins qu'on ne prétende qu'un raisonnement
sensé dans la tête d'un ministre à face noire,
peut être inepte dans celle d'un ministre à visage blanc. La couleur n'est pour rien dans la
question

---

d'une fausse demeure sera punie d'une amende de
6,000 francs.

Tout libraire chez qui il sera trouvé, ou qui sera
convaincu d'avoir mis en vente, ou distribué un ouvrage sans nom d'imprimeur, sera condamné à une
amende de 2,000 francs ; l'amende sera reduite à
1,000 francs si le libraire fait connaître l'impri -
meur.   (Loi du 21 octobre 1814.)

Chaque imprimeur sera tenu d'avoir un livre coté
et paraphé par le maire de la ville où il réside, où il
inscrira, par ordre de dates, et avec une série de nu-
méros, le titre littéral de tous les ouvrages qu'il se
propose d'imprimer; le nombre des feuilles, des vo-
lumes et des exemplaires, et le format de l'édition.
Ce livre sera représenté, à toute réquisition, aux
inspecteurs de la librairie, et aux commissaires de police, et visé par eux s'ils le jugent convenable.

(Ordonnance du 24 octobre 1814.)

IV.

Il résulte de ce que je viens de dire que toute industrie dont le ministère a besoin pour l'accomplissement de ses fonctions, est naturellement l'objet d'une législation spéciale, destinée à empêcher ceux qui l'exercent de prêter leur aide aux concurrens des ministres. Nos ministres auteurs ont raison de vouloir qu'il n'y ait d'imprimeries que pour eux, et pour leur familiers. Voilà le véritable principe pratique de la legislation de la presse; Voilà le démenti formel au grand principe de nos adversaires, que toute loi sur la presse est inutile et ridicule.

De ce principe dérive naturellement la *direction de l'imprimerie et de la librairie*, institution ingénieuse, à la fois la plus commode et la plus efficace, qui suffit seule à rendre les ministres propriétaires, par le fait, de toutes les imprimeries du pays. Avec la *direction de l'imprimerie*, il ne peut pas y avoir d'abus de la presse, car il n'y a pas d'usage libre de la presse; il ne peut pas y avoir de délits de la presse, car rien ne s'imprime et ne se vend que sous le bon plaisir de la police. Avec la *direction de l'imprimerie*, toute loi sur la presse est une loi postiche, mise en avant pour faire diversion, pour détourner sur des dé-

tails insignifians, et de pures questions de forme,
la controverse qui s'attaquerait au fond, si
on la laissait se diriger elle-même. Pendant que l'opposition consumait toutes ses
forces à repousser le nouveau projet de loi,
MM. les commis de la librairie, pleins de sé-
curité sur leur sort, riaient ou dormaient dans
leurs bureaux.

O nos amis, ô les vrais soutiens de nos
maîtres, combien de ministères mal nés ont
paru, grâce à vos travaux, brillans de vigueur
et de santé! combien de ministères caducs ont
végété par vous au-delà du terme! Vous prolongerez, en dépit de la nature, les jours de LL.
Excellences. Ne soyez point avares de zèle; la
stabilité de vos places atteste et récompense vos
services. Les principes grondent sur vos têtes,
et ne vous atteignent pas; le ver rongeur de la liberté mutile les titres de noblesse, et brise sa dent
contre vos diplômes. Les trônes peuvent dis-
paraître, les bureaux subsistent. On a vu des
nations sans roi, on n'en verra point sans ministres; et tant qu'il y aura des ministres, vous
serez employés, ou désirés, ou regrettés.

V.

Je viens de combattre avec nos armes, je
vais combattre avec celles de nos ennemis;

mon langage, jusqu'ici positif et substantiel, va devenir abstrait et métaphysique; je vais faire entrer en ligne de compte la liberté civile, la volonté de l'opinion, le bien public; non pas que je croie ce renfort nécessaire à mes raisons précédentes, mais pour faire voir que nous aussi, quand nous voulons, nous savons manier la théorie.

On dit que l'obligation d'être breveté pour avoir une imprimerie, de déclarer avant d'imprimer, de déposer avant de publier, sous peine d'être ruiné et privé de son état, est contraire à la liberté civile constitutionnellement garantie; on se trompe; qu'est-ce qu'être libre? c'est n'obéir qu'aux lois : voilà ce que nos traités de politique enseignent tous d'après l'antiquité. Or, les règlemens de l'imprimerie et de la librairie sont enregistrés au Bulletin des Lois; ce sont des lois; ceux qui y sont soumis, en leur obéissant, restent donc libres. Il n'y a que l'arbitraire qui soit ennemi de la liberté; ce que la loi sanctionne est libéral par le fait. Par exemple, sans l'ordonnance qui m'institue, je serais un fléau public; je commande des inquisitions, des espionnages; je fais violer les domiciles, je trouble les affaires privées, je signe des arrestations, des exils sans jugement; mais par la vertu de mon brevet signé et scellé, aucun de ces actes n'est arbitraire, aucun n'offense la liberté. Je remplis un office légal, ceux qui en souffrent sont libres sous la loi.

L'opinion se révolte, dit-on, contre les salaires prodigués à des gens dont le métier est d'étouffer sa voix; l'opinion crie vengeance contre les commis de la librairie; c'est encore une assertion sans preuve. Qu'est-ce que la voix de l'opinion? c'est la voix collective qui résulte du concours de toutes les voix individuelles; or les salariés ont aussi leur voix dans l'opinion; j'y ai la mienne; toutes sont de droit à nos patrons; c'est le moindre hommage que méritent leurs faveurs. Nous parlons comme ils parlent, nous voulons comme ils veulent, et nos parens, nos amis, et nos concurrens eux-mêmes, pour se faire valoir à nos dépens, parlent et veulent tous comme nous. Voilà donc une partie de l'opinion aux ordres de LL. Excellences, et au service MM. de les commis. Il faut compter.

L'industrie, dit-on encore, s'indigne des attentats commis contre son indépendance sur la personne des imprimeurs et des libraires. La nation des travailleurs, la nation des producteurs s'élève et réclame tout entière. Mais je

4

le demande, est-ce que nous, commis, nous qui serrons la chaîne des imprimeurs, nous ne sommes pas aussi des gens à industrie? Est-ce que notre nation n'est pas une nation de producteurs? Chaque ministère, chaque bureau est un atelier. Qu'on me montre, chez des citoyens privés, une plus vaste manufacture de plumes taillées, de mots et de chiffres écrits. Qu'on me montre ailleurs ces générations d'ouvriers-serfs attachés au pupitre qu'ils salissent, et dont le corps est un héritage qui passe d'un ministre à l'autre avec le porte-feuille et le nom d'Excellence.

Quant au peuple non-soldé qu'on nous oppose, s'il n'est pas dévoué naturellement, il est au moins moral et honnête. Pour ceux dont la fortune repose sur leur crédit, la sainteté des engagemens est inviolable. Or, aux yeux de ces hommes, de même qu'aux miens, il y a une promesse nationale faite tacitement à chaque ministre, au moment où il a endossé l'habit; c'est de conserver entre ses mains tous les priviléges de son prédécesseur, parce que, probablement, c'est la vue seule des priviléges qui l'a fait consentir à charger ses épaules de cet habit lourd et incommode. On doit croire que, selon la nature du cœur humain,

il a visé au ministère à cause des agrémens,
et que son ambition n'a regardé la peine que
comme un droit à payer pour la jouissance. Ne
serait-ce pas se jouer de sa bonne-foi que de
lui dérober le plaisir, quand il supporte la fatigue, que d'exiger le prix de la vente en s'em-
parant de la chose vendue? L'argent, le pouvoir, les lois spéciales, lorsqu'une fois un ministre en a joui, sont dans ses mains une propriété sacrée. L'argent de sa place est le pain
de sa famille; le pouvoir de sa place fait sa liberté personnelle; les lois spéciales sont l'o-
reiller où il repose sa tête. Qui oserait dire
que sans la direction de la librairie, nos ministres dormiraient en paix? Qui oserait dire
que sans la direction de la librairie un seul de
nos ministres eût cherché à le devenir, et bri-
gué la possession coûteuse d'un héritage dé-
gradé? Nul ne le sait que LL. Excellences elles-
mêmes.

On cite l'Amérique; on y montre des ministres vivant et dormant sans lois spéciales,
sans *direction de la librairie*; mais que cet
exemple est mal choisi! Jamais la nation amé-
ricaine n'a trompé un seul de ses ministres;
jamais un seul n'a été privé de ces précieux
avantages, parce que jamais un seul ne les a

possédés. Ce sont des fruits de notre sol. En Amérique , tout candidat est averti d'avance , par l'aspect même de la place, qu'en l'obtenant, il n'obtiendra guère que des fatigues. S'il persiste dans son ambition , c'est que son ambition veut du travail. Quand il se trouve en présence de la peine et des soucis, il ne peut pas dire qu'on l'a déçu et qu'il espérait un autre sort ; qu'il comptait sur son emploi pour fonder ou pour relever sa fortune, pour écraser légalement ceux dont la raison ferait pâlir la sienne. Là, on peut voir sans pitié un ministre accablé de soins; il a voulu l'être, ses prédecesseurs l'étaient comme lui; mais nous, après avoir vu nos anciens ministres heureux de la santé que donne un pouvoir excessif, après avoir vu les nouveaux boire un moment à cette coupe salutaire, pourrions-nous, sans barbarie, la leur ôter des mains, et décolorer leurs fronts déjà brillans de tout l'embonpoint de leurs devanciers? Les Américains peuvent être gens de bien avec des ministres malades; mais nous, nous serions des infâmes.

Je dois rappeler à nos adversaires que leur politique fait trop peu de compte des hommes, et beaucoup trop des principes, qui ne souffrent point. C'est à nous de leur enseigner la philantropie dont ils se vantent. La fortune d'un seul homme est plus précieuse pour l'humanité, que celle de vingt axiômes. Voyez combien LL. Exellences sont tendres pour les personnes; LL. Exellences laisseraient périr toutes les doctrines du monde, pour sauver le pain d'un huissier. Les améliorations leur répugnent, parce qu'elles font toujours des malheureux. (1) Que nous importe, en effet, la perfection sociale, qui rendrait nos enfans plus libres aux dépens de la bourse de leurs pères? Ceux qui ne sont pas encore nés m'intéressent moins que moi qui existe. D'ailleurs, j'aime mieux léguer à mes fils un bon emploi que la liberté.

V I.

L'opposition invoque le bien public; elle fait des appels au patriotisme des ministres,

---

(1) Quand des clameurs indiscrètes ont forcé nos ministres à faire des réformes et à mettre des commis sur le pavé, leur bon naturel, par esprit de contradiction, a recueilli et employé un plus grand nombre de nouveaux-venus.

...... *Animæ quales neque candidiores*
Terra tulit.

contre les règlemens qui font le pouvoir et le bonheur des ministres : la raison des ministres leur ferme les oreilles.

Quoi! le bien public voudrait que la première fonction de l'état fût dépouillée d'agrémens pour être insupportable, et devenir bientôt déserte? quoi! le bien public voudrait que le plus vif aiguillon fût ôté à l'émulation nationale; que les nobles vœux, les grands travaux dont les plaisirs du ministère sont l'âme, périssent découragés? Ah ! si vous désenchantez les places, où sera le refuge contre les travaux utiles sans honneur? Il y a bien assez d'hommes condamnés à opérer obscurément sur la matière brute et insensible ; n'envions pas à quelques mains privilégiées l'emploi de tailler noblement l'étoffe humaine. Il y a bien assez d'hommes dans le besoin, et à la chaîne; souffrons qu'au moins quelques-uns de nos semblables soient riches et libres, même à nos dépens. Voudrions-nous que nos yeux, importunés par l'aspect de la misère, ne trouvassent plus un seul homme dont la vue pût les reposer et les réjouir? Eh ! n'avons-nous pas ce bonheur en contemplant face-à-face un ministre riche sans patrimoine, et libre par sa toute-puissance? Quel spectacle pour une âme

de bon ton ! quel spectacle pour une âme libérale ! Pour ma part, je l'avoue, quoiqu'assez
indifférent au sort de l'indépendance , je me
plais à la voir fleurir pour nos ministres , à la
voir retirée chez eux comme une plante en
serre chaude, qui grandit avant la saison. Je
ne voudrais pas que dans ce tems d'exceptions,
la liberté s'envolât pour jamais de la France,
faute d'y trouver un gîte et des foyers. Libéraux, vous craignez que votre déesse ne meure
de froid; souffrez donc qu'elle se livre à LL.
Excellences ; on vous la rendra en tems utile.

V I I.

Je veux pénétrer plus avant dans la question du bien public. J'espère y porter un nouveau jour comme dans celles que j'ai traitées
jusqu'ici. J'ai des solutions qui n'appartiennent
qu'à moi. Quel arsenal que mon esprit , et que
LL. Excellences me devront de grâces ! mais je
dois renfermer mon amour-propre en moi-
même ; je dois éviter de m'étaler, de peur d'é-
clipser mes héros.

Le bien public, c'est le bonheur de tous ;
tous seraient heureux , si tous étaient joyeux ;
ce qui répand la joie est l'aliment du bien
public , ce qui l'éteint en est le poison. Or,

rien n'est contagieux autant que la tristesse ; et c'est l'impression du visage d'autrui qui fait nos visages sereins ou moroses. S'il y avait des hommes dont la gaîté ou le déplaisir décidât du déplaisir et de la gaîté de plusieurs milliers d'hommes, ne pourrît-on pas dire que d'un seul de leur souris dépendrait le bien public, et qu'en faisant rider leurs fronts, on attaquerait en ennemi la félicité commune ? Eh bien, qu'un seul matin, un seul ministre soit morne et de sombre aspect, tout le peuple de solliciteurs dont les flots inondent ses antichambres, va s'empreindre de la langueur de son âme. Ceux qui lui parleront la prendront de lui ; les autres, de ses huissiers et de ses valets. Le suisse, de sa loge, la versera aux passans. Du secrétaire, elle descendra sur les chefs de bureau ; des chefs de bureau, sur les commis ; des commis, sur leur famille et leurs voisins. Enfin, le soir de ce jour fatal, dans les carrefours, dans les promenades, aux théâtres, dans les lieux de plaisir, on n'appercevra que des mines abattues et silencieuses. L'ennui circulera dans les cercles brillans, roulera dans les carrosses dorés, suivra les piétons à la piste.

De l'hôtel de son Excellence, faites passer

la maladie au cabinet de ses collègues, et la contagion infectant les dépêches des courriers, s'élancera à la fois par toutes les barrières, voyagera sur toutes les routes, ira, jusqu'au bout du royaume, tuer la joie des pauvres gens étonnés de se sentir atteindre sans savoir d'où le coup est venu. Que les imprimeurs soient libres, que les auteurs disposent de la presse, que MM. de la librairie ne fassent plus sentinelle, que chacun puisse donner inopinément des démentis à un ministre, nier ce qu'il assure, prouver ce qu'il nie. dévoiler ce qu'il cache, et, par l'apparition subite du titre ou d'un passage d'un livre, jaunir et contracter son front, voilà quel en sera le triste effet. Le bonheur fuira ; il fuira pour nos politiques euxmêmes, qui, en proie à la langueur commune, s'affaisseront sur leurs cahiers, et tenailleront vainement leur cervelle assoupie. C'est donc pour eux aussi, c'est pour l'intérêt de leur talent que les imprimeurs sont esclaves ; qu'ils abandonnent les imprimeurs à leur sort.

La pensée prend de l'activité dans le mouvement général du monde, elle s'hébète quand tout est silencieux. Ecrivains, si vous êtes justes et sincères, vous devez rendre grâce à Dieu chaque fois qu'une fantaisie ministérielle, con-

tentée à propos, épanouit le front de LL. Excellences, et remonte le ressort qui fait tout
mouvoir.

VIII.

J'entends un dernier cri : « Les saisies nous
» ruinent, disent les auteurs; pour un mot équi-
» voque, nous perdons le travail d'une année;
» la valeur des ouvrages d'esprit se décrédite
» et s'avilit, comme celle de toutes les posses-
» sions dont l'inviolabilité n'est point sûre ; les
» libraires ne veulent traiter qu'à des prix in-
» dignes de nous, et nous leur payons une
» prime d'assurance contre l'humeur ombra-
» geuse des commis, et la politesse des juges
» qui ne souffrent pas que les commis essuyent
» l'affront d'un démenti. Si LL. Excellences
» trouvent commode de s'approvisionner *gra-*
» *tis* des cartons qui s'emploient chez elles, si
» c'est là, comme il nous paraît, le motif qui
» fait condamner si légèrement au pilon les
» feuilles imprimées de nos ouvrages, que
» LL. Excellences le disent franchement; nous
» nous imposerons des contributions volon-
» taires, nous souffrirons même qu'on nous
» charge d'un impôt forcé, nous verrons avec
» joie figurer dans le budget de 1818, une

» *taxe des cartons* assise sur toutes les têtes
» qui livrent leurs pensées au public. »

LL. Excellences ont des vues plus élevées,
et le gain des cartons, quoiqu'il ne soit pas à
mépriser, n'est point ce qui les détermine;
c'est vous-mêmes qu'elles veulent gagner, et si
votre esprit mal fait ne s'obstinait pas à prendre le mauvais sens des choses, ce surcroît
d'hostilités vous paraîtrait un surcroît de ten-
dresse.

En effet, quand vous avez soumis au con-
trôle de votre critique les vues et la raison d'un
ministre, quel profit tirez-vous de ce travail?
celui que vous laisse prendre un libraire quel-
quefois pauvre et avare, toujours économe de
son bien. Si votre talent s'appliquait à rehaus-
ser ce qu'il déprime, à voiler les sottises qu'il
met au grand jour, à faire adorer comme une
concession inouie la moindre mesure un peu
constitutionnelle, à préconiser comme une
vertu sublime la simple absence de vices, alors
ce serait dans les illustres personnes de LL.
Excellences que vous trouveriez vos libraires,
vos acheteurs; des acheteurs généreux payant
sans compter, parce que toutes les poches sont
ouvertes à leur crédit et à leurs ordres. En met-
tant comme une barrière, entre l'auteur et le

libraire, la crainte d'une saisie radicale, le ministère ne fait qu'inviter violemment celui-là à
profiter du débouché plus avantageux qu'il lui
ouvre. Je dirais dans un style plus noble, que
l'ingénieuse amitié des ministres pour les écrivains qui sont leurs confrères (1), s'étudie à
leur rendre difficiles toutes les routes de la pau-
vreté, et ne veut leur laisser de voie libre et aisée que celle qui conduit à la fortune.

Vous que je traite en ennemis, et que je voudrais traiter en frères, comprenez enfin quelle
invitation pressante se cache délicatement
sous les avanies qu'on vous fait. On ne vous propose la honte de paraître sur l'escabelle des fi-
loux, et devant les juges des prostituées, que
comme un dégoût salutaire qui doit vous attirer dans nos bataillons soldés. Quand vous y
serez tous enrôlés, on fabriquera vite une loi
qui donnera aux philosophes profanes,
comme aux philosophes sacrés, le droit d'être
jugés par les cours royales, afin de *relever* le
talent *à ses propres yeux et à ceux des peuples* (1), et de donner aux hommes qui instrui-

_____

(1) Voyez ci-dessus paragraphe II.

(2) Discours de S. Exc. le ministre de l'intérieur au
sujet de la loi sur le concordat. (*Moniteur* du 23 novembre 1817.)

sent le genre humain, et qui lui enseignent la liberté, des *juges éclairés et indépendans* (1). Jusque-là, ce privilége sera réservé exclusivement à des moralistes moins intraitables; vous aurez le dépit de voir qu'il existe, et qu'il n'est pas pour vous (2).

Venez donc, le ministère vous tend les bras; il n'est point votre ennemi, car il a besoin de vos secours; vous devez le croire sans peine, quand vous le voyez réduit à des défenseurs tels que moi.

SECONDE PARTIE,

Où l'on réhabilite pleinement le texte de la loi du 9 novembre 1815, ainsi que les commentaires de MM. les avocats du Roi sur ce texte, et les jugemens rendus en vertu de la loi et de ses commentaires, par MM. du tribunal de première instance, jugeant en police correctionnelle.

I.

Prêt à commencer ma seconde tâche, je me sens l'âme plus à l'aise, et ma conscience est

---

(1) Même discours.

(2). *Peccator videbit et irascetur ; dentibus suis fremet*

soulagée d'un fardeau qui pesait sur elle. Je suis homme, je suis citoyen, et, dans tout ce que je viens de dire, j'ai foulé aux pieds le droit le plus sacré que l'humanité réclame, que la constitution reconnaisse, l'égalité devant la loi. L'intérêt de mes maîtres, mon devoir le voulait ; j'ai obéi malgré mon cœur. Après avoir désolé les victimes de la servitude de l'imprimerie, en prouvant que cette servitude est nécessaire, qu'il me sera doux de consoler les victimes de la loi sur les écrits séditieux, en prouvant que cette loi est éminemment généreuse ! Mon devoir est désormais d'accord avec mon cœur.

Les articles 5, 8, 9 et 10 de la loi du 9 novembre 1815, commentés par MM. les avocats du Roi et appliqués par MM. du tribunal de première instance, jugeant en police correctionnelle, ont déjà fait subir les peines de la détention et des amendes à plusieurs écrivains non salariés, et les feront subir à plusieurs encore. Un des plus jeunes et des plus hardis soldats de cette armée qui combat et triomphe sans profit, vient de comparaître, et

---

et tabescet ; desiderium peccatorum peribit. (*Psal. III.*) **Voyez comme tout a été prédit !**

attend son jugement (1). Je le consolerai, lui et ceux de nos ennemis qu'une semblable prévention atteindra, et qui seront frappés d'un jugement pareil. Je veux qu'ils se disent tous après m'avoir lu : « Nous sommes soulagés ; la » captivité nous sera moins dure. Oui, nous » avons la conscience de succomber sous la loi » la plus honnête, la plus honnêtement inter- » prétée, la plus honnêtement appliquée. Bé- » nissons l'arrêt et l'auteur qui nous en ont » appris les mérites. » Ainsi, les guichets de la Force entendront mon éloge, mêlé à celui des inventeurs, des commentateurs et des exécuteurs de la loi du 9 novembre 1815.

Je me félicite du hasard qui fait de M. Scheffer le premier auteur persécuté dont mes apologies doivent calmer l'infortune; il est Français par choix, il va faire le premier essai des lois de sa patrie adoptive; peut-être, en regardant la sentence qui le menace, pour avoir été pa-

---

(1) M. Scheffer, auteur de six Écrits : *Tableau politique de l'Allemagne ; Essai sur quatre questions politiques; de la Politique de la nation anglaise; Considérations sur l'état de l'Europe ; de l'État de la liberté en France* (motif de sa mise en jugement) ; *Observations sur la nouvelle loi de recrutement*, (publiées sous la main de MM. les juges d'instruction).

triote, craint-il déja d'avoir acheté trop cher
son titre de citoyen français. Je tiens à honneur
de le forcer à aimer ce titre , en lui faisant aimer la loi et les hommes qui le persécutent.

LL. Exellences, dont le cœur gémit quand la
nécessité de se maintenir, leur commande la
dureté et les rigueurs, LL. Excellences me sau-
ront gré du ton de bienveillance dont jadoucis
mon stile en faveur de nos adversaires malheureux pour notre repos. Le nouvel accusé
lui-même a éte l'objet des sollicitudes ministérielles. La police de LL. Excellences a eu la
délicatesse de faire ses efforts pour que le public n'apprît pas qu'un honnête homme allait
comparaître devant des juges correction-
nels. De généreuses injonctions ont été faites
aux journalistes; puis, quand ces gens avides de
nouvelles ont résisté à l'ordre et rompu le silence commandé , la police a daigné revenir à
la charge, et, puisque le secret n'était plus
possible, elle a défendu aumoins que la com-
parution du prévenu fût publiée autrement que
d'une manière vague, obscure, et même un peu
éloignée du vrai.

C'est ainsi que l'abeille, par son miel, adoucit
l'âpreté de ses piqûres. Je veux, à ce propos,
décharger mon âme d'une louange qu'elle ne

peut plus retenir. Se souvient-on que dans le
dernier projet de loi sur la presse , la déposi-
tion forcée de cinq exemplaires , avait pris le
nom de publication ? La chambre a supprimé
l'article , mais on ne doit pas moins reconnaî-
tre le bon goût qui l'avait dicté. Ce simple
abus de mots , eût permis à tout écrivain , au
moment où l'antre des commis se fut refermé
sur son livre et peut-être pour toujours, d'i-
maginer que le monde avait reçu le fruit de ses
veilles , de dire avec joie, *j'ai publié* , et de
retourner l'âme satisfaite, à ses cahiers et à d'autres travaux. L'antiquité, dans ses beaux tems ,
préférait à tout les mots d'heureux présage :
LL. Excellences ont à cœur de faire renaître
aujourd'hui ce goût trop peu cultivé.

Tout ce qui dépend de nos ministres, ap-
prend l'urbanité sous leur influence, et, à leur
exemple, ne prononce jamais que d'heureuses
paroles , *bona verba.* Si l'on signifie officiellement au défenseur d'un homme accusé par l'autorité, qu'il ait à choisir pour son client entre
une condamnation et la misère, si l'accusé cède
à la force et se laisse condamner, M. l'avocat
du roi, dans son gracieux langage, félicite le
prévenu de s'être rendu librement à la voix
de son conseiller et de son ami. Si M. l'avocat

du roi sollicite une sentence rigoureuse, les louanges du coupable sont dans sa bouche, et c'est l'indulgence seule qu'implore son réquisitoire (1).

Quels trésors de consolations le ministère ouvre ainsi à peu de frais aux victimes de sa prudence ! il les berce d'illusions qui ôtent le mal jusqu'au réveil. Nous souhaiterions que nos adversaires voulussent tous apprendre l'art de se duper soi-même, et d'être dupe de bonne grâce; nous souhaiterions que la France l'apprît d'eux : la France en a tant besoin !

II.

Je ne ferai point d'éloges vagues, indirects, sans caractère, comme ceux que mes pareils adressent au hasard aux actes et aux hommes du pouvoir; je serai précis. Je parle aux libéraux, je prouverai que la loi du 9 novembre 1815 est libérale ; je prouverai que la jurisprudence qu'elle a produite, et qui la complète, est libérale.

Pour le prouver, je ne tourmenterai point

____

(1) *Voyez* débats et jugement sur la saisie du 3e. volume du Censeur Européen, tome IV, pages 137 et 156.

le sens des mots, je suivrai naïvement la signi-
fication vulgaire. Une loi est libérale quand
elle peut atteindre indistinctement les citoyens
de tous les ordres ; un législateur est libéral
quand il fait et propose des lois qui doivent
l'atteindre lui-même. Une jurisprudence est
libérale quand elle tend à agrandir le domaine
de la loi, à rendre sujets de la loi ceux-là mêmes
qui l'ont faite ; des juges sont libéraux quand
leurs arrêts modifient de cette manière la loi
qu'ils sont chargés d'appliquer. C'est à l'aide
de ces données usuelles, que je m'engage à dé-
montrer la libéralité de la loi de novembre
1815 sur les écrits séditieux, et de ses auteurs ;
la libéralité de la jurisprudence de 1817 sur
les délits de la presse, et de ses auteurs.

La gloire en retombera tout entière sur
LL. Excellences ; la loi n'est pas tout-à-fait un
fruit de leur ministère, mais elles lui ont fait
violence pour la conserver (1), mais elles lui

____

(1) La loi *relative à la répression des cris séditieux,
et des provocations à la révolte*, promulguée le 9 novembre 1815, devait être abrogée de plein droit au
moment de la promulgation de la loi sur les cours
prévôtales. Voici les termes du préambule : « La ju-
» ridiction prévôtale a en sa faveur l'expérience des

ont donné l'activité. La jurisprudence n'est pas directement leur ouvrage ; mais sans leur adoption, elle ne serait pas née.

Nos ministres ont montré qu'ils ambitionnaient le titre de seconds pères de la loi imaginée par le ministère de novembre 1815 ; nos ministres ont montré que s'ils n'avaient pas dicté les plaidoyers de M. de Vatismenil, du moins ces éloquentes diatribes leur semblaient dignes de leur avocat et de leur organe ; car jamais la moindre variation d'esprit, de logique, de style, n'a été remarquée dans aucune. Nos ministres ont prouvé que les arrêts de MM. du tribunal de première instance, jugeant en police correctionnelle, étaient selon leur goût et selon leur conscience politique, car jamais ces arrêts n'ont varié ; MM. Comte et Dunoyer ont été condamnés sur les mêmes principes que MM. Chevalier et Rioust, chose qui n'eût pas eu lieu si le moindre scrupule sur les premières sentences s'était communi-

---

» tems passés ; mais, tandis que notre conseil prépare » avec maturité les dispositions de la loi qui doit la » rétablir, nous avons cherché un remède *momentané* » dans une législation *provisoire* : Nous avons pro- » posé, etc.

qué officiellement de l'esprit d'un seul des ministres, à l'esprit de M. le président (1).

(1) Un magistrat n'obéit qu'à la loi ; mais qu'est-ce que la *loi* ? ce n'est pas seulement l'acte ministériel confirmé par les deux Chambres, car il y a des arrêtés rendus par le ministère seul, qui sont enregistrés au Bulletin des *lois*. Est-ce seulement toute ordonnance insérée au Bulletin des *lois* ? non, car il y a des règle-mens émanés du ministère de la police qui ne s'y in-sèrent pas, et qui sont judiciairement exécutoires. Si son Exc. le ministre de la police peut, dans certains cas, écrire des choses qui font *loi* pour les magistrats, comment discerner les occasions où ce qu'il écrit n'est pas *loi?* cela est embarrassant. Comme il n'y a pas de pierre de touche, on est dans cette alternative : tout rejeter, ou tout admettre; résister à tout, ou se conformer à tout ; le premier parti est impraticable, il mettrait le magistrat en opposition avec ses devoirs; le second est plus prudent.

Si un homme, sans caractère public, se permet de donner des avis aux organes de la loi ; si une plume sans mission veut exercer son influence illégale sur leurs principes et leurs décisions, ils sont sourds ;

> *Non civium ardor pravâ jubentium*
> *Mente quatit solidâ.*

Mais si le conseil est revêtu d'une signature officielle, s'il est scellé et timbré,

> *..........Grandis epistola venit,*
> *A Capreis,*

on s'incline, on obéit. L'éloquence de M. Benjamin

III.

En novembre 1815, il y avait un ministère tout nouveau (1) ; comme tous les nouveaux ministères, il était alors occupé de l'unique soin d'affermir son existence encore frèle. Il lui fallait une loi de sûreté, et, selon les principes que j'ai exposés dans la première partie de cet écrit, une loi de sûreté contre les paroles et contre les livres ; il fit la loi du 9 novembre. On devait s'attendre que l'article fondamental de cette loi serait conçu en ces termes : *Seront punis d'un emprisonnement de cinq ans au plus et de trois mois au moins, et d'une amende de 20,000 fr. au plus, et de 50 fr. au moins, tous discours proférés dans des*

---

de Constant n'a pas eu le pouvoir de faire rétrograder d'un seul pas, en faveur de MM. Comte et Dunoyer, la jurisprudence qui menaçait les auteurs ; une alarme jetée dans un bureau de la police, et apportée par le vent jusqu'au palais, d'abord, a réduit leur peine, et ensuite, les en a exemptés.

(1) MM. *de Richelieu, Barbé-Marbois, de Cazes, Vaublanc, Corvetto, de Feltre, Dubouchage,* succédant à MM. *de Talleyrand, Pasquier, Fouché, Louis, de Saint-Cyr, de Jaucourt.*

lieux publics, et tous ecrits imprimés, toutes les fois que par ces discours ou ces écrits, on aura tenté ou provoqué, même indirectement, à tenter d'affaiblir, par des injures ou des calomnies, le respect dû à l'autorité du MINISTÈRE. Telle était la pensée et l'objet de la loi ; un rempart inexpugnable eût été ainsi dressé autour des ministres et de leurs commis, pour les protéger tous ensemble contre les attaques de leurs concurrens, et des écrivains patriotes.

Mais voyez la pudeur des hommes qui avaient besoin d'une telle loi : ils rejetèrent cette rédaction, trop clairement hostile envers ceux qu'ils ne payaient pas, trop exclusive à leur profit et au profit de leurs soldats; ils voulurent se défendre plus généreusement, se défendre même avec quelque péril pour leurs troupes, et, au lieu du texte naturel, ils adoptèrent celui-ci : *Seront punis d'un emprisonnement de cinq ans au plus, et de trois mois au moins, et d'une amende de 20,000 fr. au plus, et de 50 fr. au moins, tous discours proférés dans des lieux publics, et tous écrits imprimés, toutes les fois que par ces discours ou ces écrits, on aura tenté, ou provoqué même indirectement à tenter d'affaiblir, par des injures ou des calomnies, le respect dû à l'autorité du* ROI. Ainsi rédigée, la loi ne devait plus être exclusive contre les non-salariés ; elle pouvait atteindre les commis, les familiers même des ministres.

. Rien n'obligeait le ministère actuel à conserver cette arme dangereuse qui devait blesser tôt ou tard la main qui la maniait. Il pouvait bien prévoir qu'une loi aussi vague pourrait le contraindre à sévir contre ses propres suppôts, et que nul commis, parlant ou écrivant en faveur de ses maîtres, ne pouvait d'avance être sûr que, dans son plaidoyer pour l'autorité ministérielle, il ne *provoquerait pas indirectement à tenter d'affaiblir par des calomnies ou des injures, le respect dû à l'autorité royale.* Il n'est pas impossible au zèle qui s'emporte de tomber dans une faute aussi déliée. Mais notre ministère n'a point voulu céder en loyauté à ses loyaux prédécesseurs ; il a conservé cette rédaction défavorable, il a fait plus encore.

M. Rioust ose publier l'éloge d'un ci-devant ministre ; M. Chevalier ose publier une remontrance à un ministre en place : le premier, par une louange perfide de la probité de son héros, blesse indirectement tout le ministère (1) ; le second, par ses censures trop crues,

____

(1) Ce sont les propres paroles de l'avocat du ministère. « La probité, qui n'est qu'un devoir, a-t-il dit,

blesse directement un membre du ministère ;
tous les deux sont traduits en vertu de la loi
du 9 novembre, et selon son texte, comme
blasphémateurs de l'*autorité royale*.

L'occasion était belle pour lever ce masque
incommode, appeler de leur propre nom les
délits que la loi voulait punir, et nous sauver
du danger de périr par les propres armes de
nos patrons. LL. Excellences pouvaient donner le mot à leurs avocats ; le mot donné
aux avocats n'aurait pas été perdu pour Messieurs du tribunal, qui l'auraient fait entrer
dans le considérant de leur sentence ; la sentence rendue aurait fait *précédent*, comme on
dit en Angleterre, et la loi eût été corrigée.
MM. les avocats des ministres ont reçu et suivi
une direction opposée ; ils ont avancé dans
leurs plaidoyers que, pour être passible des
peines prononcées par la loi, il n'y avait nul
besoin d'avoir manifesté d'une manière suivie,
dans un discours ou dans un livre, la tentative
qui fait le délit, mais seulement qu'elle s'y fît

» ne peut devenir un motif de louange, qu'autant
» qu'elle est rare : louer un homme sous ce rapport,
» c'est faire une satire générale, satire injuste dans
» tous les temps. » (Discours de M. Hua dans le
procès en appel de M. Rioust.)

appercevoir çà et là, par un mot isolé, par une phrase louche, par une locution impropre, et même par une réticence. Messieurs du tribunal ont rendu leur sentence conformément à la doctrine de MM. les avocats du roi, et, par le fait de cette sentence, le texte fondamental de la loi a été altéré et changé en celui-ci : *Seront punis d'un emprisonnement de cinq ans au plus, et de trois mois au moins, et d'une amende de 20,000 fr. au plus, et de 50 fr. au moins, tous discours proférés dans des lieux publics, et tous écrits imprimés, toutes les fois que dans ces discours ou ces écrits, par un mot pris au hasard, par une phrase obscure, par un silence, on aura tenté, ou provoqué même indirectement à tenter d'affaiblir le respect dû à l'autorité du roi.* Depuis ce changement, je n'ai plus dormi en repos, moi, Séïde de LL. Excellences.

MM. Comte et Dunoyer impriment le 3e. volume d'un ouvrage que je n'ose nommer ; ils y prétendent témérairement que plus d'un ministre enfle ses comptes, et qu'il serait possible d'être ministre et de dépenser moins ; nouvel attentat direct contre LL. Excellences, nouvel avertissement de réduire la loi à des termes directs. MM. Comte et Dunoyer sont traduits, et le ministère persiste dans son système de libéralité ; il agrandit même encore le cercle de la loi, déjà immense. Les avocats des ministres déclarent que, pour être coupable du délit prévu par la loi, non-seulement il n'est pas nécessaire d'avoir manifesté d'une manière constante la tentative de le commettre, mais qu'il n'y a pas même besoin d'en avoir eu l'intention ; que le fait seul, découvert par l'accusateur, affirmé par lui malgré les protestations de l'accusé, suffit pour rendre celui-ci coupable et passible de la loi. Messieurs du tribunal, n'ont compté pour rien les argumens que les accusés ont fait valoir contre cette doctrine, ce qui équivalait à une adoption. Ils ont rendu leur sentence, et par le fait, la première rédaction de la loi a été changée en celle-ci : *Seront punis d'un emprisonnement de cinq ans au plus, et de trois mois au moins, et d'une amende de 20,000 fr. au plus, et de 50 f. au moins, tous discours proférés dans des lieux publics, et tous écrits imprimés ; toutes les fois que dans ces discours ou ces écrits, par une phrase à sens douteux, par un mot dit au hasard, et sans intention, on aura tenté ou provoqué indirectement à tenter d'affaiblir le respect dû à l'autorité du roi.*

Voilà le comble de la libéralité ; la loi ainsi modifiée par la jurisprudence de MM. les juges du tribunal de police , endoctrinés par MM. les avocats du roi, endoctrinés par le ministère , peut atteindre inopinément, non seulement nous, auteurs ministériels, non seulement nous, commis de tout grade , mais LL. Excellences elles-mêmes. Aucun ministre, à moins d'être fou, ne peut répondre de ne jamais proférer , *sans intention*, dans ses discours ou dans ses écrits un mot qui *pris à part et rendu isolément, provoque indirectement à tenter d'affaiblir, ou bien tende indirectement à affaiblir le respect dû à l'autorité du roi.* Et c'est une loi faite pour la défense d'un ministère , qui a été modifiée ainsi. par des ministres ; dont elle est encore la défense ! *Jam redit et virgo, redeunt saturnia regna.*

De quelle force d'âme sont doués MM. les avocats du roi, qui n'ont pas hésité un instant à professer des doctrines, à l'aide desquelles leurs propres plaidoyers devaient devenir séditieux ; et qui pouvaient les amener à la nécessité de dresser un réquisitoire contre eux-mêmes ! de quelle force d'âme sont doués MM. les juges de police qui n'ont pas hésité à faire de ces doctrines la règle de leur justice , au risque de devenir coupables, par la teneur de leurs propres arrêts, des délits imputés aux victimes de leur équité; au risque d'être contraints de lancer une sentence contre eux-mêmes !

Un de nos censeurs les plus impitoyables, M. Benjamin de Constant, l'a reconnu; je trouve dans une de ses brochures un passage du plaidoyer de M. de Vatismenil, contre M. Chevalier, dans lequel M. de Vatismenil s'enferre lui-même, et devient séditieux, selon ses propres définitions (1). Je ne sais comment, à de pareils traits, le critique ne brise pas sa plume; c'est le noble stoïcisme de nos pères: *fais ce que tu dois, et arrive que pourra.*

IV.

M. Benjamin de Constant, j'aime votre style; des ennemis comme vous sont estimés, des amis comme vous, seraient adorés par nos ministres connaisseurs. Mon ambition est de vous vaincre. Votre talent peut mépriser le mien, votre raison peut se jouer de la mienne, mais ce ne seront pas là mes armes; je vous attaquerai avec des faits.

____

(1) Questions sur la législation actuelle de la presse, page 31.

Si je prouve, par des faits positifs, que la loi du 9 novembre 1815, confirmée volontairement par le ministère (1), revue et augmentée sous les yeux du ministère, par MM. les avocats du roi et MM. les juges de police, à la faveur de ces corrections et de ces amplifications, vient d'atteindre et de rendre séditieux, non pas moi, non pas M. le directeur de la librairie, non pas un de MM. les avocats du roi, non pas M. le président de la cour royale, non pas un de MM. du conseil d'état, non pas un sous-secrétaire, mais un ministre, un ministre lui-même! si je prouve, en un mot, que S. Exc. le ministre de l'intérieur, par certains passages de son discours sur la loi du concordat, imprimé dans le Moniteur du 23 novembre 1817, serait suffisamment prévenu, aux termes actuels de la loi sur les écrits séditieux, d'avoir, *sans intention, tenté indirectement d'affaiblir, ou provoqué indirectement à tenter d'affaiblir par des calomnies ou des injures, le respect dû à l'autorité du roi;*

____

(1) La loi était momentanée et provisoire, aux termes de son préambule, comme je l'ai déjà dit: elle devait cesser au moment de l'institution des cours prévôtales ; et elle leur survit !

si je le prouve, M. Benjamin de Constant,
j'aurai droit d'attendre que votre talent,
plus efficace que le mien, s'emploie à gué-
rir LL. Excellences de ses propres morsures;
j'aurai droit d'attendre que, si désormais vous
faites quelques reproches à nos ministres, et à
leurs avocats, vous ne les accusiez plus que
d'une bonne-foi trop simple, et d'une libéralité trop imprudente.

Je vais articuler ces faits; c'est à vous que je
les adresse; que leur éloquence vous subju-
gue, et étouffe, s'il est possible, avant sa publication, le troisième cahier de ces *Annales*,
dont les deux premiers nous attristent si fort.
Oh! si je pouvais vous imposer silence, que ma
fortune serait belle! j'aurais plus fait pour mes
maîtres que le soldat qui, dans une ville as-
siegée, écrase la mèche d'une bombe prête à
enflammer cent tonneaux de poudre; j'aurais
fait plus, je serais mieux gratifié.

V.

Quand des hommes sont associés, c'est-à-
dire ligués pour un objet commun, il se déve-
loppe dans ceux dont l'âme est ardente et généreuse, un sentiment qui les porte à dépouiller

leur personnalité, et à se confondre dans l'u-
nion : c'est le patriotisme.

Le membre d'une communauté, le citoyen,
l'homme social, quand il a pleinement l'esprit
de son état, ne vit plus que de la vie sociale;
il n'est plus sensible en lui-même, mais
dans le corps dont il est membre. Si le bien
qui lui arrive est un mal pour la cité, ce bien
se change en mal pour lui-même; si le mal
qu'il éprouve est un bien pour elle, il s'y plaît
il le cherche, et s'y enfonce de lui-même.

C'est une cité qu'un ministère : il y a un patriotisme ministériel, qui se fait sentir à chaque
ministre, selon le degré de sa sensibilité. Le plus
patriote serait celui qui, abjurant son existence
absolue, aurait *transporté son moi dans l'u-
nité commune* (1), au point de ne faire aucun
compte du plaisir ou du dégoût qui n'affec-
teraient que lui seul, sans atteindre le ministère entier ; au point de repousser avec dédain
le contentement qui lui serait offert aux dépens de ses associés ; au point de s'abreuver
avec joie des déplaisirs qu'on lui verserait,
si leur repos, si leur honneur en devait
naître.

____

(1) Rousseau, *Emile*, liv. 1er.

Je ne puis mieux penser de S. Exc. Mgr. le ministre de l'intérieur, qu'en me persuadant que la nature et ses études l'ont amené à ce degré suprême du patriotisme ministériel; et voilà ce qui m'enhardit à dénoncer la prévention sous laquelle son Excellence se trouve. Lui-même se félicitera de mon heureuse audace qui doit mettre au grand jour l'esprit libéral, et la magnanimité du ministère.

Ainsi, au lieu de la disgrace de S. Excellence, qui me serait mortelle, j'attends sa faveur; j'attends des bienfaits d'autant plus grands, que je saurai mieux justifier mes charges, et les multiplier. Plein de cette idée, je ne me retiendrai point; je voguerai à pleines voiles; j'appliquerai à un ministre, comme auteur et comme éditeur, tous les dix articles de la loi du 9 novembre 1815, et je ferai voir, de manière à confondre pour long-temps les ennemis du ministère, que S. Excellence n'a pas laissé échapper un seul des délits prévus par cette loi.

L'auteur connu et domicilié en France, d'un écrit imprimé, est seul responsable de son contenu ; tel est le premier article de la nouvelle loi, sanctionnée par la chambre des députés; d'après cet article, la culpabilité du discours prononcé le 22 septembre devant la chambre des députés, et publié le 23 septembre dans le Moniteur, appartient tout entière à son Excellence, et nulle recherche ne peut être faite contre les complices de la publication, contre ceux qui ont imprimé et distribué le Moniteur du 23 septembre. Le ministre est le seul prévenu ; tout le poids de la loi tombe sur lui ; selon l'ancienne loi, le délit eût été partagé ; son Excellence a pourtant défendu la nouvelle avec un zèle qu'on pourrait dire impétueux. Quelle abnégation de soi-même ! mais si je voulais louer tout ce qu'il y a de louable dans nos ministres, je ne finirais pas ; je dois me renfermer dans mon sujet.

Le discours de S. Excellence fut composé pour servir d'introduction à un projet de loi destiné à légitimer une transaction diplomatique faite à Rome, entre M. le comte de Blacas, marquis d'Aulps, gentilhomme français, et un cardinal-prêtre italien. Cette transaction s'appelle *concordat;* elle porte les noms de Sa M. et du prince-évêque de Rome ; les contractans prétendraient, à ce qu'il semble, avoir suivi les intentions de ces deux souverains; c'est une question qui m'est étrangère; sans la décider, je passe à l'examen du discours de S. Ex-

Je lis (page 3, 3e. colonne) : « Parmi les
» actes émanés de la cour de Rome , il en est
» qui peuvent introduire quelqu'altération dans
» la législation de l'état ». Ce principe énoncé
par S. Excellence est une violation du principe
de l'initiative royale ; si la simple volonté d'un
prince étranger peut forcer la volonté du roi à
proposer des modifications aux lois du royaume,
le roi est dépendant de ce prince ; proclamer
une pareille maxime , c'est exciter à regarder
l'autorité du roi comme précaire , et sujette
d'un autre pouvoir que la constitution ; c'est
provoquer indirectement à prononcer que le
roi est dépendant d'un étranger ; c'est provoquer indirectement à affaiblir , par une injure
le respect dû à sa personne ; c'est être coupable du délit de sédition, aux termes de l'art. 5
de la loi.

Ailleurs (page 5, 2e colonne), S. Excellence
trouve convenable que le pape annulle aujour-
d'hui la déclaration solemnelle faite par lui en
1801 « que ni lui ni ses successeurs ne trou-
» bleraient en aucune manière les acquéreurs
» des biens ecclésiastiques aliénés. » S. Excellence prétend que le pape ne pouvait la
conserver, et qu'on doit se contenter de trois
mots vagues , insérés dans un acte révocable

à plaisir (1). Ne peut-on pas dire que ce passage tend à faire prévoir qu'une occasion pourrait venir où, par une transition semblable, le pape effacerait ces trois mots qui rappellent sa promesse abolie ? Ne pourrait-on pas dire que l'auteur y tend indirectement à répandre des alarmes sur l'inviolabilité des propriétés nationales ; qu'il est coupable du délit prévu par l'article 8 de la loi ?

Je lis encore (pag. 4, 1.re colonne) : « La loi
» proposée accorde à toutes les personnes ec-
» clésiastiques engagées dans les ordres sacrés
» et exerçant le saint ministère, le droit d'être
» jugées par les cours royales, dans le cas où
» on leur imputerait quelque délit de police
» correctionnelle. Les intérêts de la justice et
» de la religion réclament également cette me-
» sure ; elle relève le sacerdoce à ses propres
» yeux et à ceux des peuples. » Son Excellence pense donc qu'il y a des castes d'hommes qui doivent être relevées par des priviléges, *à leurs propres yeux* et *aux yeux des peuples?* Si cette mesure est nécessaire pour le clergé, s'il peut

---

(1) *Cùm ea quæ ex pacis studio decrevimus, firma semper suoque in robore perstare debeant.* (Bulle de circonsription des diocèses.)

obtenir des *droits*, la noblesse peut recouvrer
les siens ; annoncer que la *justice* l'exige dans
le premier cas, c'est faire présumer que la justice pourrait l'exiger dans le second ; c'est
provóquer indirectement à répandre des bruits
sur un prétendu rétablissement des droits
féodaux ; c'est être coupable de sédition, aux
termes de l'article 8 de la loi.

Il est donc évident que les articles 5 et 8 de
la loi du 9 novembre seraient applicables au
discours de Son Excellence ; mais ce n'est pas
tout ; avec la transaction diplomatique de
M. le comte - marquis de Blacas, Son Excellence a déposé sur le bureau de la chambre
des députés, Son Excellence a rendu publics
deux arrêtés ou bulles du prince-évêque de
Rome. Or, selon l'article 3 du projet de loi
du 16 novembre, *l'éditeur d'un ouvrage dont*
' auteur n'est pas domicilié en France, en est
responsable; le minstre, comme éditeur, peut
donc être accusé des délits dont ces deux écrits
seraient coupables. L'un d'eux est manifeste-
ment séditieux au premier chef, selon la loi
du 9 novembre.

Dans cet arrêté, qui porte le titre de *bulle*
pour la nouvelle circonscription des diocèses,
je lis ces paroles : « Nous dotons les susdits

» archevêchés et évêchés en biens-fonds et en
» rentes sur l'état : nous leur assignons des
» revenus ; *dotem constituimus.* » Voilà une
déclaration manifeste d'usurpation de tout le
pouvoir législatif. Il y a plus, c'est une déclaration d'usurpation sur la France, d'un pouvoir
supérieur à celui du roi et des chambres ; car
le budget étant annuel, le roi ni les chambres
ne peuvent assigner des revenus perpétuels ;
publier un écrit où de pareilles prétentions
sont énoncées, c'est invoquer le nom d'un usur-
pateur, c'est affaiblir le respect dû à l'autorité
de S. Majesté, c'est provoquer indirectement
au renversement de son gouvernement, en at-
tribuant à un étranger une souveraineté sur le
royaume plus entière que celle du roi ; c'est
tomber sous les articles 5, 8 et 1 de la loi du
9 novembre.

Dans la même bulle, on trouve une protes-
tation du prince-évêque contre l'occupation
par la France de ce qu'il appelle le duché d'A-
vignon et le comtat Venaissin ; c'est une atta-
que directe au gouvernement du roi dans les
départemens qui composent ces pays ; l'éditeur d'un pareil ouvrage, en le faisant parvenir
dans ces provinces, tend à les rallier au nom
d'un autre souverain que le roi, à les exciter

à la rébellion contre son pouvoir sur eux, ou à les alarmer sur le maintien de ce pouvoir, délits prévus par les articles 5, 8, et 1 de la loi.

Ainsi donc, la loi du 9 novembre, presque tout entière, est applicable à S. Excellence le ministre de l'intérieur. Quelle preuve plus décisive pourrait-on donner de son impartialité, et qu'ont à répondre ses adversaires ? Quelles plaintes peuvent faire entendre ceux qu'elle a frappés ? leur sort est partagé par un des conservateurs de la loi. Vainement voudraient-ils affaiblir l'identité, elle est évidente ; vainement S. Excellence elle-même voudrait-elle sacrifier à son propre honneur l'honneur du ministère, et repousser la culpabilité dont l'écrit du prince romain la charge, en distinguant ses intentions, des intentions de l'auteur ; le ministère, jaloux de la réputation de sa loi, répondrait à S. Excellence avec les propres paroles d'un de MM. les avocats du roi, ratifiées par un jugement de MM. du tribunal de première instance (1) : « S. Excellence veut qu'on

____

(1) Plaidoyer de M. de Vatismenil, dans le procès contre MM. Comte et Dunoyer. *Voyez* tome V du Censeur Européen.

» prenne en considération l'intention de l'édi-
» teur ; cela serait possible s'il s'agissait d'un
» ouvrage déjà imprimé librement une pre-
» mière fois, parce qu'il aurait produit tout son
» effet ; mais lorsqu'il s'agit d'un ouvrage qui
» n'a pas encore paru librement, qui n'a pas
» été publié, *l'intention de l'éditeur ne sau-*
» *rait être prise en considération* (1).

» De ce que l'intention de l'auteur doit être
» consultée, il ne s'ensuit nullement que l'in-
» tention de l'éditeur puisse être examinée,
» parce que les intentions de celui-ci peu-
» vent n'être pas les mêmes que celles de l'au-
» teur, et cependant *ils seront punis de la*
» *même peine, parce que le fait en lui-même*
» *est séditieux, et qu'on doit punir l'auteur*
» *du fait séditieux, quelles que soient ses in-*
» *tentions.* »

---

(1) Les deux bulles, et même le *concordat*, jusqu'au jour où Son Exc. le Ministre de l'intérieur, en les dé-posant, a donné le signal à leur publication, n'avaient jamais *paru librement*. Bien plus, le soin que Son Exc. le Ministre de la police avait mis à faire saisir dans chaque ville les exemplaires imprimés de ces ouvra-ges, les avait marqués visiblement du sceau des écrits coupables et dangereux ; l'éditeur était donc averti d'avance.

V I.

Vous qui êtes tombés sous la loi des écrits séditieux, vous qui dénoncez vos condamnations, comme un signe de sa partialité contre vous, vous vous tairez à l'avenir, cette loi vient d'atteindre un ministre. Et vous, accusés futurs, si le verbiage d'un avocat du roi vous présente à vos propres yeux comme des ennemis acharnés de notre gouvernement, si l'arrêt d'un tribunal de police correctionnelle, charge votre conscience de cette conviction, aux termes de la loi du 9 novembre 1815, votre âme devra se rassurer, vous ne serez pas plus coupables que ne l'est aujourd'hui un ministre.

Quelle confusion doivent sentir les détracteurs de la loi, en lisant qu'elle s'est retournée contre un des hommes dont elle est la défense ! quelle confusion ils sentiraient si cet homme, l'un de ceux qui requèrent son application, allait être lui-même châtié par elle ! Mais, par malheur, S. Exc. le ministre de l'intérieur a encore un titre qui le place hors de la portée des lois qui punissent les discours et les écrits : S. Excellence est député du département de la Gironde.

(90)

Les Girondins avaient fait choix de M. Lainé
pour résider en leur nom à Paris, et veiller à
ce que la taxe imposée sur leurs vins ne fût pas
d'une *année de récolte entière*, une *année de
demi-récolte*; M. Lainé avait le mandat de dis-
puter aux ministres la portion qu'ils réclame-
raient dans les vendanges de ses commettans.
Tout d'un coup, Monsieur est devenu Monseigneur, le refuseur d'impôts est devenu deman-
deur d'impôts, le député d'un département s'est
changé en ministre de l'état, et les habitans de
la Gironde se sont vus réduits à trois représentans proprement dits. Des gens simples
eussent demandé la permission de s'assembler
pour choisir un suppléant à M. Lainé qui n'é-
tait plus pour eux; mais la province, justifiant
sa réputation de finesse, n'a dit mot, et a gardé
le ministre. Leur raisonnement était assez ingénieux. « Ce ne sera plus un avocat, se sont-
» ils dit, que nous aurons à Paris, mais ce sera
» un patron, et l'un vaut bien l'autre. Ce-
» lui-là devait parler, celui-ci agira pour nous.
» Sous le premier titre, notre compatriote au-
» rait fait épargner notre bien; sous le second,
» il nous dédommagera de nos contributions
» grassement payées; nous aurions eu de petits
» impôts, maintenant nous aurons de bonnes

» places ; le département peut rire de la déca-
» dence de son commerce, la carrière admi-
» nistrative est ouverte pour lui ; quoiqu'il nous
» en coûte en taxes pour avoir un député-mi-
» nistre, c'est de l'argent placé à intérêts. »

Sans la sagacité des Girondins, M. Lainé ne serait que ministre, et alors M. le procureur du roi pourrait dresser requête contre lui ; M. le chevalier Reverdin s'assurerait cathégoriquement de la culpabilité ; la chambre du conseil enverrait le prévenu pardevant le tribunal de première instance ; et M. Marchangy, dans son plaidoyer, inviterait paternellement S. Excellence à quitter la science politique pour la science de l'agriculture (1). Quel dommage que la prévention ne tombe pas aussi bien sur S. Exc. M. le comte de Cazes !

CONCLUSION.

J'ai fait mon devoir ; que les huées du public s'élèvent, je suis prêt à les affronter. Si elles pouvaient m'inspirer le moindre effroi, je ne serais pas digne de mon titre. Un salarié n'a

---

(1) Plaidoyer de M. le procureur du Roi Marchangy, dans le procès contre M. Scheffer.

point d'oreilles. Que nos adversaires de tous les partis rient de pitié en voyant la torture où j'ai mis mon esprit pour le forcer à louer tout ce qu'on blâme ; ma conscience me dit que j'ai suivi le chemin le plus droit. Quel est mon objet ? c'est le vôtre, lecteur, c'est celui de tous les hommes : une vie aisée et des jouissances ; or, pour y parvenir, le plus court moyen est de plaire à ceux qui en regorgent sans peine, et qui les distribuent ; voilà ce que je cherche, le reste ne m'importe guère.

La meilleure voie après la mienne, c'est d'être ennemi du ministère pour le chasser et jouir à sa place ; la pire de toutes, c'est d'être son ennemi pour le réformer, et jouir par le travail dégagé d'entraves et d'impôts. Si je n'étais pas ministériel, je serais de ceux qu'on nomme *ultrà* ; mais jamais les indépendans ne me verraient parmi eux. Il n'y a rien de commun entre ces gens et moi. Un *expéditionnaire* qui se respecte, descendrait-il à faire un métier ?

Je n'exige pas que nos adversaires, à qui je me suis adressé, aient une foi absolue dans mes assertions et mes preuves. Si les chefs de l'opposition consentaient seulement à suspendre leur manœuvre assez à tems pour qu'on m'attribuât l'armistice, je leur offrirais volontiers une part de mes gratifications. Ce sont quelques jours de conviction que je leur demande; après ce court délai, ils seront libres de médire à volonté de moi, de mon livre, et des ministres.

Le jour que j'aurai reçu le paiement de ma logique, qu'ils redonnent carrière à la leur; ma conscience ne me tourmentera plus quand mon espoir satisfait l'aura rendue à elle-même. Alors, je serai tolérant; je laisserai passer en paix les argumens les plus hostiles , excepté un seul , le seul qui soit évidemment hors de propos , le seul dont la fausseté me paraisse indubitable , le seul que j'ose combattre dans le pur intérêt de la vérité.

La mode s'établit de prophétiser aux oreilles des ministres, que, s'ils demeurent constans dans tel ou tel système d'exceptions inconstitutionnelles, une scission peut se faire subitement entre le peuple et l'autorité. Je dis une fois pour toutes à ceux qui croient ainsi proférer au ministère une menace directe et terrible, qu'ils ne font rien que jeter des paroles au vent. On ne sait donc pas encore ce que c'est que des ministres. Le ministre est un fermier; il n'est fermier que pour un jour; la possession de la veille ne lui garantit point celle du lendemain. Rien n'es

sûr pour lui, si ce n'est la jouissance du moment présent, et il y sacrifie sans peine l'espoir
d'un avenir incertain. Que lui importe de
perdre son brevet, parce que le maître le lui
retire, ou parce que la terre change de maître?
c'est un même revers, c'est un seul danger.

FIN.

Note *explicative.*

Je crains que quelques lecteurs n'aient prêté un sens forcé à certaines expressions du 2ᵉ. et du 3ᵉ paragraphe de la 1ʳᵉ. partie. Quand je dis (page 38) que nos *ministres* sont *en concurrence* avec les *auteurs politiques*, je ne veux point faire entendre que les auteurs lèvent de l'argent sur le public à la manière des ministres ; quand je dis (page 43) que les *auteurs politiques* non-soldés sont pour *nos ministres* ce que les *voleurs de grand chemin* sont pour des *ministres barbares*, je ne veux point faire entendre que les écrivains lèvent de l'argent sur le public à la manière des voleurs. Le vrai sens de ma proposition est simplement celui-ci : Les voleurs épuisent les bourses du peuple, les auteurs opposans les font fermer ; ce sont deux actions de nature bien différente, mais qui produisent un effet semblable sur le trésor ministériel.

ERRATA.

Page 32, ligne 13, tombée, *lisez* tombé.
Page 34, ligne 1, seul, *lisez* seule.
Page 40, ligne 21, MM de, *lisez* de MM

www.ingramcontent.com/pod-product-compliance
Ingram Content Group UK Ltd.
Pitfield, Milton Keynes, MK11 3LW, UK
UKHW021748090726
13657UKWH00002B/993